〝圧倒的教養〟が身につく、たった1つの学問

地政学が最強の教養である

田村耕太郎

SB Creative

プロローグ

「世界で最先端の投資・金融会議」と地政学

現在は2022年11月、インドネシアのバリ島にいながら最終原稿をチェックしている。バイデン氏が米大統領に就任した2021年1月以来、初めての対面式の米中首脳会談が行われた舞台である。G20は政治がリードする国際会議だが、実は多くのビジネスリーダーも世界中からこの会議に参加している。ここバリ島でのビジネスリーダーとのミーティングでは米中首脳会談、ウクライナ戦争、台湾有事、アメリカの東南アジアへの関与の再開など、地政学の話がほとんどである。金融市場やテクノロジーを話題として食ってしまうくらい、地政学がビジネスリーダーたちの頭の中を席巻している。

一方、アメリカ・カリフォルニア州ロサンゼルス。高級住宅街にあるホテル「ザ・ビバリー・ヒルトン」では毎年5月、世界中の株価や為替を左右する集まりが開かれる。アメリカ最大の投資・金融国際会議「ミルケン会議」だ。経済、金融、投資に関するテーマが中心だが、最近はそれらにインパクトを与える、テクノロジー、メディア、エンタメ、スポーツ、教育などについても世界中からリーダーが集まり、広く深く議論される。

「世界の富裕層の自家用機での移動」を追跡したサービスによると、彼らは1月にダボス会議でスイスに集まり、ほぼ同じメンバーが5月の頭にミルケン会議でロサンゼルスに集まり、5月下旬にカンヌ国際映画祭でフランス南部のカンヌに来て、9月下旬に国連総会ハイレベルウィークでニューヨークに移動するという。そのミルケン会議には、毎年70以上の国々から政界・ビジネス界を中心とするエリート約3000人が集まり交流を深め、プライベートにオフレコ情報を交換する。

これまでのミルケン会議の参加者は、バイデン大統領やブッシュ元大統領をはじめ、世界各国のトップ、閣僚、国会議員、政府高官、諜報機関幹部（日本からも過去、菅義偉前首相や麻生太郎前副総理・財務大臣、林芳正外務大臣らが参加している）、WHOなど国際機関幹部や世界の名門大学の総長やノーベル賞受賞者などのアカデミア、コービー・ブライアントやトム・ブラディらNBAやNFLのスター選手たちも参加。

ビジネス界からは、ジェフ・ベゾス、イーロン・マスク、グーグル元CEOのエリック・シュミットなど一流経営者。ゴールドマン・サックス、マッキンゼー・アンド・カンパニー、ゼネラルモーターズおよびフォーチュン500に入るような一流企業の経営幹部・社員。ウォーレン・バフェット氏やレイ・ダリオ氏などの著名投資家。他、世界中のファンドやスタートアップのメンバーなど、世界のビジネスエリートが一堂に会する極めて稀有な場である。私自身、同会議の主催であるシンクタンク「ミルケン・インスティテュート」のフェローをしているため、毎年参加し、各領域のトップたちと交流を深めている。

同会議では、会場の各所で様々な議題のパネルディスカッションが開催されているのだが、中でもここ数年、数多くのビジネスリーダーを引き付けるパネルがある。それが「地政学」関連のパネルである。

先ほど参加者の一人として挙げた投資家レイ・ダリオ氏のパネルなどはその代表的な例である。同氏は世界最大のヘッジファンド「ブリッジウォーター・アソシエイツ」の創業者であり、世界的には間違いなく「世界一の投資家」の一人である。レイ・ダリオ氏は未来を予測するために「地政学」を重視しており、地政学や歴史を使って、世界の長期トレンド分析を披露している。彼はかなり早い段階から「中国が次の覇権国家としてアメリカを抜くフェーズに入っている」ことを地政学的な観点から予想し、会場を沸かせていた。

レイ・ダリオ氏に限らず、米中関係を地政学的に分析するパネルは常に人気だし、中国に関する地政学的な分析のパネル、また数年前では北朝鮮や韓国を地政学的に分析するパネルなど、「地政学」関連のパネルはいつもビジネスパーソンで満席になる。

本書は「ビジネスパーソン向けの地政学の本」である。地政学の定義は様々だが、「地政学」と呼ばれるものは、海外では「ビジネスパーソンがいま最も学ぶべき学問の一つ」となりつつある。

しかも地政学パネルを聞きに来ているのは、政府関係者やメディアや研究機関の人たちやグローバル企業の上層部だけではない。グローバル企業の中間管理職もたくさん参加している。政府だけでなく民間のあらゆる層に、地政学は長期トレンドを予測するスキルの一つとして学ぶべき対象だと、世界では考えられ始めている。

地政学はもはやグローバルスタンダードの教養

私は現在、国立シンガポール大学でビジネスリーダー向けに「地政学×テクノロジー×ビジネス」のエグゼクティブ・プログラムをデザインし運営、講義もしている。私の生活拠点はシンガポールだが、コロナ全盛期を除き、シンガポールにいるのは年間のうち半分強だ。残りは北米、東南アジア、欧州、中東等々シンガポール国外を移動している。

自らの投資や国際会議への出席、アドバイザリー業務で、世界中のポリシーメーカーやビジネスリーダーたちと会っていると、最近は誰と会っても、地政学の話題から会話が始まることが多い。「中国はこれからどうなると思うか?」「アメリカのこれからの外交戦略をどう見るか?」「日本は台湾有事への備えをどうしているのか?」などである。

地政学リスクコンサルティングビジネスが世界的に脚光を浴びているのがいい例だ。私の長年の友人イアン・ブレマー氏が率いるユーラシア・グループがその代表と言っていいだろう。日本企業や日本政府も彼の顧客になっている。調査範囲はアジア、中南米、欧州、ユーラシア、中東、アフリカなど世界99か国を超える。イアンも個人的に日本が好きで、日本の顧客も多いので、日本でもカンファレンスをやって多くのビジネスリーダーに地政学の切り口でインパクトを与えている。そして、この流れは年々と強まっている。

しかも、従来の顧客であった機関投資家やエネルギー関連企業、重工業関連企業などに加えて、最近では依頼主となる企業のビジネスの領域は多岐にわたるようになってきており、もはや扱っていない領域などないほどに、あらゆる分野の企業が地政学に注目するようになっているそうだ。

昨今のウクライナ戦争や中国共産党大会やアメリカ中間選挙などが世界の金融市場やサプライチェーンに与える影響を見れば、これは当たり前の傾向だ。今までのように長期トレンド予測のためだけではなく、短期的にも地政学がビジネスに与える影響は甚大で無視できない。

私はミルケン会議で、招待者オンリーでオフレコのプライベートセッションをモデレートしているが、傾向はやはり同じだ。まず最初にビジネスリーダーたちから地政学リスクに関する質問が殺到するのだ。

日本のビジネスパーソンにも高まる地政学〝熱〟

日本のビジネスリーダーもその流れにはしっかりと乗っている。私が国立シンガポール大学で運営している「アジア地政学プログラム」はほとんどマーケティングしていないが、毎期日本全国から受講生が定員いっぱいまで集まるようになってきた。シンガポールまでの往復の航空運賃と滞在の宿泊費は学費とは別にかかるが、それだけお金と時間をかけて活きた地政学を学びに来る人が増えている。

加えて2022年9月にはアメリカのサンディエゴで「アメリカ地政学プログラム」を初めて開催したが、円安でかつアメリカの物価が高騰する中、それなりの学費と高い航空運賃を払ってアメリカまで地政学を学びに来るビジネスリーダーが日本や東南アジアから殺到してくれた。

2023年1月からは日本を代表するビジネススクールである、一橋大学ビジネススクール（世界のビジネススクールを評価する「QSグローバルMBAランキング2022」では、日本のビジネスクールで1位に輝いている）で、「政府とビジネス」というテーマで講義を受け持つことになった。シラバスを作りながら、このテーマだと地政学的なものへの期待もあると感じた。

また、これとは別でビジネスパーソン向けに地政学について話してほしいという講演依頼も日本国内の各種経済団体から多くいただくようになった。コロナ禍で来日はできなかったし、日本滞在中はいつも限られた日数でスケジュールも多忙のため、これまではこういった講演依頼が来ても、残念ながら私は主催者の希望に応えられなかった。しかしながら、今後は、ここ数年のあまりの依頼の多さに時間が許す限り受けようと思っている。

地政学は世界情勢の本質を探る手立てになる

情報収集はかつてなく容易になった。様々なメディアから多様な情報が簡単に集まる時代である。しかし、情報過多の時代であるからこそ、情報に振り回されやすい。情報の中から自分なりの仮説を立てて、独自の分析をすることが今より求められる時代はない。

何かの決断をする際、自分で納得して下した決断でなければ、のちに後悔することになる。あなたの長い人生、巷の情報が最後まで、あなたの予測を正しいと保証してくれるわけでもない。間違うことがあっても正しいことがあっても、自分で納得して下した決断だけが長期的にあなたの心に平穏を与えてくれるのだ。

これまでの時代は、日本人なら欧米にキャッチアップすることを目指せば何とかなるという時代であった。情報も少なく、取捨選択したり、自分で決断をしたりする必要もなかった。大手メディアが流す欧米の情報なるものをありがたく信じて、それが説く欧米の見方ややり方をまねるだけでよかった。

冷戦もとっくの昔に終わり、欧米社会も世界を読み解くカギを失い、世界中で多様な考え方がリスペクトされ、既存メディアからSNSまでが大量の情報を垂れ流す。世界市民全員が評論家になったような時代だ。専門家も世界の変化にキャッチアップできているのか怪しいし、ポジショントークも花盛りだ。

日本ほど過去、安定していた国家はない。日本国内の物価も政治も失業率も治安も東アジアの国際情勢も世界でズバ抜けて安定していた。「世界のことなど学ばなくても日本は日本のやり方でやれる」と勘違いしても不思議ではないほどの安定だった。そして、コロナパンデミックの2年間の水際対策のおかげで、日本はさらに閉ざされてしまった。その結果、国際情勢や海外情報について日本はさらに疎くなってしまった。

しかし、2022年の2月から始まったウクライナ戦争、世界中で続く物価高騰、2022年を通じた急速な円安は、安定した日本社会をも大きく揺るがすものとなった。第二次大戦後、平和に酔いしれた日本国民もウクライナ戦争の背景にある「国際社会の弱肉強食ぶり」「国際機関や国際社会の限界」を見て、台湾情勢にそれを重ねて緊張感が増しただろう。長く続いたデフレも一気に方向がインフレに変わり、円安がそれに拍車をかけている。しかしよく考えてみれば、食糧やエネルギーの大半を輸入に頼る日本はそもそも国際情勢に無頓着ではいられないのだ。

情報は大事だが、何よりも国際情勢、そしてその本質を読み解く地政学の大切さを日本全体が見直し始めたのが2022年ではないかと感じる。2022年にあった中国共産党大会でその独裁ぶりを世界に見せつけた習近平氏には、再び日本国民の多くが、「これからの時代は戦後の今までの時代とは全く違うかもしれない」と感じさせられたのではなかろうか？

「ビジネス×政治・政府×グローバル×アカデミア」の視点で切る

この本の特徴は、色々な業界をウロウロしてきた私によって書かれているという点だ。私のバックグラウンドをザックリ共有させていただくと、それは「ビジネス×政治・政府×グローバル×アカデミア」となる。

大学を卒業して、証券会社に入り、その後地方メディアを経験し、政界入り。その後シン

ガポール国立大学の招へいを受けて、所在をシンガポールに移してからは、投資家として
Ｗｅｂ３、クライメートテック、フードテック等を中心に、シリコンバレー、東南アジア、イスラエル、インド、アフリカ等、世界中のスタートアップに投資をしてきた。累計で70社以上の会社に投資している。またアメリカ、イスラエル、アフリカ、インド等、複数のベンチャーキャピタルのリミテッド・パートナーも務めている。最新のテクノロジーから企業経営は実践を舞台に学び続けている。世界最先端のビジネスの視点は常に持っている。

政治家として国家レベルで政治や政府を経験したのは大きかった。政府の一員として、まさに国家の意思決定や政策策定に関与した。政治家、政府の一員、このバックグラウンドがあって、地政学に目覚めたと言えると思う。様々な外交舞台や国際会議で他国の政治家や政府高官と少なからず、つばぜり合いをさせていただく機会を持ったことは大きい。各国の二国間や多国間の舞台での国家としての意思決定を観察し、それへ対応する経験、これらからの学びの視点もこの本に盛り込んである。

そして、グローバル、つまり色々な国に住んだ経験が後述する「ロールプレイングのツールとしての地政学」の切り口の獲得につながっている。まず初めに住んだのがスイス。欧州の「壮絶な〝ジャングルの掟〟」の中で中立を保ってきた背景を、永世中立国に実際に住んでみて実感できた。国民皆兵、強力な軍事力、そして苛烈な傭兵派遣国家としての歴史が、ス

イスの独立を裏打ちしていることをこの目で見た。

アメリカでは東海岸にも西海岸にも住んで、この「世界で最も恵まれた最強の島国」の視点から世界を見る機会を得た。ロシアにも中国にも政治家として出張して、それらの国の政治家や政府職員とも議論しながら、なぜこれらの大国が中央集権的にならざるを得ないのか考えさせられた。

今は、中華系国家ながら英国の植民地だったグローバルな物流や金融のハブ都市、シンガポールに住んでいる。ここで、この都市国家が米中のバランスを見事に取っていることに感心している。また同時に、今後の米中対立を鑑みると、シンガポールをもってしても、二つの超大国の間で、バランスを上手に取り続けることは容易ではないだろうとの想いを持ちながら、シンガポールの国家運営を見ている。

また、世界の情報は多くが日本語にはなっていない。だからこそ、「〝いま〟本当にビジネスに使える最新の地政学」を届けるためには、「現地のナマの一次情報」こそが、大事になるのだと思う。そこで海外在住で英語と中国語が行き交う社会で暮らしている私のバックグラウンドが少しは活かされることになるのではないかと感じる。

最後にシンクタンクや大学の一員としての側面だ。今は国立シンガポール大学に籍を置くが、在米時代は、ハーバード大学や母校エール大学に籍を置き、２０２２年からはカリフォルニア大学サンディエゴ校でも地政学プログラムを運営、講義もし、２０２３年からは日本の一橋大学ビジネススクールでも講義をしている。シンクタンクとしては２０１１年にアメリカ西海岸サンタモニカにあるランド研究所、今は同じサンタモニカにあるミルケン・インスティテュートにフェローとして籍を置く。これらの場所で危機管理や地政学のプログラムや講義や研究をしてきた。２０１２年には東京大学の「大人のリベラルアーツ」ＥＭＰを修了した。東大の誇る自然科学系、社会科学系双方の最先端の研究者から分野横断的に「世界の見方」を学んだ。

２０１４年から現在まで国立シンガポール大学リークワンユー公共政策大学院にて、ビジネスリーダー向け「地政学×テクノロジー×ビジネス」のプログラムをデザインし運営し、講義もしているが、これは私のライフワークと言っていい。同プログラムは２０２２年までに20回開催し、５００名以上の卒業生を輩出している。

国立シンガポール大学は「世界大学ランキング２０２３」において、総合11位にランクインしており、アジア圏の大学の中では1位となっている。図表1を見ていただくと分かる通り、ＭＩＴ、スタンフォード大学、ハーバード大学など欧米の錚々たる大学が上位を占めており、12位以下にも名門ペンシルベニア大学やイェール大学などが名を連ねている（日本の1位は東大で総合23位）。国立シンガポール大学は同ランキングで5年連続の総合11位に輝いており、アジアの最高位大学の順位をキープ。アジア地政学プログラムは国立シンガポール大

図表1　QS世界大学ランキング2023

Rank	大学名	国
1	マサチューセッツ工科大学	アメリカ
2	ケンブリッジ大学	イギリス
3	スタンフォード大学	アメリカ
4	オックスフォード大学	イギリス
5	ハーバード大学	アメリカ
6	カリフォルニア工科大学	アメリカ
7	インペリアル・カレッジ・ロンドン	イギリス
8	ユニバーシティ・カレッジ・ロンドン	イギリス
9	スイス連邦工科大学チューリッヒ校	スイス
10	シカゴ大学	アメリカ
11	国立シンガポール大学	シンガポール
12	北京大学	中国
13	ペンシルバニア大学	アメリカ
18	イェール大学	アメリカ
23	東京大学	日本

出典：QS World University Rankings 2023: Top global universities

学の公共政策大学院、リークワンユー・スクールで、最も長く続き、大学・受講生双方の満足度が最も高い、エグゼクティブ・プログラムである。ここからさらに発展し、先述の通り、いまではアメリカを中心とした、同様の「地政学×テクノロジー×ビジネス」のプログラムを、アメリカの名門カリフォルニア大学サンディエゴ校にて、開催している。

さて、前段が長くなったが、私の紹介は以上である。いよいよ第1章から「地政学が最強の教養である理由」に入っていこう。本書を通じて、多くのビジネスパーソンが地政学に関心を寄せて学び続けてくれたら、こんなに嬉しいことはない。

地政学が最強の教養である　目次

第2章 「地政学の思考法」を授けよう

第3章 「島国」の地政学

アメリカ・日本

アメリカの地政学 ―― 094

日本の地政学 ―― 120

第4章

「内陸×大国」の地政学

中国・ロシア

第5章
その他の地政学
中東・インド・東南アジア・ヨーロッパ

インドの地政学——258

東南アジアの地政学——274

ヨーロッパの地政学——294

第6章 未来の地政学

第7章 日本がやるべきことは

第1章

なぜ地政学が最強の教養なのか？

最強な理由

01 世界情勢の解像度が上がる

それでは、ここから「地政学が最強の教養である理由」を紹介していこう。結論からお伝えすると、理由は以下の４つである。

- 【最強な理由①】世界情勢の解像度が上がる
- 【最強な理由②】長期未来予測の頼もしいツールになる
- 【最強な理由③】〝教養〟が身につく
- 【最強な理由④】視座が変わる・相手の立場に立てる

地政学を学ぶと国際ニュースの解像度が上がる

ウクライナ戦争の行方、アメリカ中間選挙後のバイデン大統領の指導力、第20回中国共産党大会を経ての習近平氏の国家運営、北朝鮮による弾道ミサイル発射、世界的インフレ、米中新冷戦、台湾有事等々、ＳＮＳやテレビ、新聞で、世界のニュースを見ない日はない。

そもそもグローバルビジネスに関わっている人にとって世界情勢の理解を深めることは不可欠だ。一方で、自分はドメスティック産業に従事しているから世界のニュースは関係ないとはいかない。我々が消費する食糧もエネルギーも海外に依存している。日本にはすでに２００万人を超える外国人が暮らし、そして今後の人口減少から、介護や看護人材、ＩＴ人材の受け入れニーズは高まり、年間数十万人単位で外国人材を招かないと国が回らない時代となる。

さらに、コロナ中の水際対策が緩和され、日本には年間５０００万人を超える海外からの旅行者がコンスタントに押し寄せる状況となる。大切な資産を外貨や外国資産で運用する人もさらに増えていくだろう。

継続的に海外情勢の解像度を上げていくことの重要性は、日本国内で何をしていても増すばかりだ。世界的インフレの連鎖で、長くデフレが続いた我が国でもついに30年ぶりにインフレが起こり始め、給料は上がらない中で、我々日本人の豊かさを劣化させている。アメリカや中国やウクライナやロシアという、世界のサプライチェーンや食糧生産や石油価格に大きな影響を与えうる国々が震源地であるのだ。そもそもの物価高に加え、食糧や飼料や資源を輸入に頼る我が国では、円安も国民の生活を直撃する。世界最大の経済大国アメリカで起こるインフレやそれへの対策としての金利引き締めが、円安を通じて我々の生活水準に打撃を与え続けている。

そして今後は我が国の隣国である、中国、台湾、朝鮮半島で地政学リスクが高まる。我が国の輸入品の多くは台湾近辺を通過して届くが、台湾近辺で何か起これば我が国は兵糧攻めにあうようなものだ。もし仮に台湾戦争となれば、台湾に近い先島諸島、米軍基地が集中する沖縄はじめ、本土でも直接の戦争被害が起こる可能性がある。

国際情勢を常にフォローするニーズは高まり続ける一方だ。ただ、垂れ流されるニュースをフォローするだけでは情報に振り回されるばかりだ。その背景にある本質を理解すれば、今後の展開への解像度が上がり、主体的に準備ができる。

地政学とは、価値判断をいったん横に置いて、科学的観察のアプローチで、地理的な条件に注目して、国の行動を予測する学問である。自然科学のように研究室で実験ができるものではなく、予測の難しい様々な人間の想いや周辺国の行動が介入してくる国家の外交的意思決定の動向を探るものなので、完璧な予測はできない。

しかし、各国の行動の一定の方向性を探るには有意義であると思う。地政学は国際情勢の変化の原動力に迫る学びなので、国際情勢の変化がビジネスや社会や経済に大きなインパクトを与え続けるこれからの時代に不可欠と私は考える。そして地政学は、ロールプレイングを通じて、実務的にリーダーシップを考えることでもあるので、ビジネスリーダーが学ぶことで得られる副次的効果も大きい。日本という島国を前提にロシアや中国やアメリカなど他国のことを考えるのではなく、相手の地理的条件の中に自分を置いてリーダーとして国家を運営するロールプレイングをやってみるのだ。

■ 地政学VS国際関係

ざっくり言えば、地政学は国際関係の背後にある中長期的な国の動きを読むアプローチと言っていい。それに対して、「国際関係論」や「国際関係分析」は短期の国同士の動きに注目するアプローチと言える。時のリーダーの性格やその人事やその時の経済情勢や世論や短期の国際政治情勢に左右されるのが国際関係論と言っていいだろう。

一方で地政学はそういうものも抱合するが、誰がリーダーであろうが、どんな政治情勢であろうが、地理的条件で運命的に起こってしまうような動きに特に注目するものだ。プーチン氏やバイデン氏や習近平氏でなくても、起こり得るような国の動きをより長期に分析していく研究である。

国際関係論にはリーダーやその分析者の価値判断が入りがちだが、地政学は人間の価値判断から離れて自然現象に近い形で国と国との関係を、再現性を求めるような形で、検討するものだと私は考える。ただ、経済学と同じで、実験室で実験ができない研究なので、その再現性には限度がある。そして化学反応や物理現象のように、国際関係の変化を時間軸で読むことは難しい。一定の方向性は探れても、そのことがいつ起こるかは予想できない。

「あなたがその国のトップだったらどう考えるか?」が地政学の本質

地政学とは、「その国の元首になる〝ロールプレイングゲーム〟」と私は考える。

様々な国際情勢に関するニュースを他人事のように消費して、それに振り回されることから脱するために地政学を学ぶのだ。もっと主体的に、自らがその国のリーダーであったら、とその国の置かれた状況に自らを置いて考えてみる訓練である。

この訓練を繰り返すことによって、ニュースの解像度が上がるだけでなく、あなたのリーダーとしての資質も磨かれていくことになる。

「地政学を学ぶ」ことはいわば「トップの思考法」をあなたの頭の中に叩き込むことである。私が説く地政学分析には、ある思考のフレームが含まれる。これは国家リーダー向けだが経営者にも応用できる部分も多い。フレームワークに情報を入れて、相手の立場に立つ訓練をこの本で積み重ねてほしい。

「あなたがプーチン氏だったら、北方領土の領有権をどう考えるか?」「あなたが習近平氏だったら、台湾への対応をどう考えるか?」「あなたがバイデン大統領だったら、今後のウクライナ戦争や台湾有事への対応をどう考えるか?」。そのためには相手の環境に身を置いて、その上で相手の行きつくであろう考えを予測し、それらへの対応を準備することこそが「地政学の本質」なのである。

例えば、もし自分が、領土は日本の国土の45倍の広さだが、その6割が永久凍土で8割に人が住んでいない大国で、国の中に190近い少数民族を抱えるリーダーであったら、どんな風に世界が見えるか、というロールプレイングである。

最強な理由

02 長期未来予測の頼もしいツールになる

「世界一の投資家レイ・ダリオ」は地政学で未来を読む

「世界一の投資家」というとあなたは誰を思い浮かべるだろうか。ウォーレン・バフェット氏だろうか。ジム・ロジャーズ氏だろうか。それともジョージ・ソロス氏だろうか。先のミルケン会議の話でも触れたが、運用対象の多様性と長期にわたる実績で言えば、彼らに勝るとも劣らない影響力を持つ投資家は「レイ・ダリオ氏」だと言われている。

レイ・ダリオ氏は、世界最大の資産運用会社「ブリッジウォーター・アソシエイツ」の創業者でヘッジファンド・マネジャーである。図表2は世界のヘッジファンド運用資産残高ラ

図表2　世界のヘッジファンド運用資産残高ランキング

Rank	ヘッジファンド名	運用資産残高	国
1	ブリッジウォーター・アソシエイツ	1,057億ドル	アメリカ
2	マン・グループ	768億ドル	イギリス
3	ルネッサンス・テクノロジーズ	580億ドル	アメリカ
4	ミレニアム・マネジメント	523億ドル	アメリカ
5	ザ・チルドレンズ・インベストメント・ファンド	400億ドル	イギリス
6	DEショー・グループ	397億ドル	アメリカ
7	ツー・シグマ・インベストメンツ	395億ドル	アメリカ
8	ファラロン・キャピタル・マネジメント	381億ドル	アメリカ
9	シタデル	376億ドル	アメリカ
10	デビッドソン・ケンプナー・キャピタル・マネジメント	373億ドル	アメリカ

出典：Pensions & Investments（ランキングは2021年）

ンキングだが、ブリッジウォーターは第1位。ちなみに、図表を見るとわかる通り、世界のトップ10のうち8社はアメリカのヘッジファンドで、世界の投資資金が集まっていることがわかる。そんなアメリカ国内2位（世界3位）のルネッサンス・テクノロジーズに対してでさえも、2倍近い運用資産残高を誇っているのがブリッジウォーターだ。そんな世界一のヘッジファンドを率いているのがレイ・ダリオ氏であり、「ヘッジファンドの帝王」という異名を持っている。

同氏を語る上で欠かせないのが、これまで数々の金融危機を事前に予言し、的中させてきた点だ。

１つ目は、１９８７年10月に起きた「ブラックマンデー」。株式市場の異常なバブルを事前に察知し、株価暴落を予想。株式を空売りすることで、逆に多くの利益を上げ、当時ブリッジウォーターは「10月の英雄」と呼ばれたほどだった。

次に注目を集めたのが、２００8年のリーマンショックも予言し、的中させたことだ。レイ・ダリオ氏は、金融危機が起こる前の２００７年の段階から、顧客や米財務省に対して警鐘を鳴らしていた。その後、２００8年9月にリーマンブラザーズが破綻し、金融危機は現実のものとなったが、事前に予測していたレイ・ダリオ氏は、２００8年のヘッジファンド全体平均利回りが「マイナス20％」と過去最悪のパフォーマンスに落ち込んだのに対して、逆に旗艦ファンドで約12％の利回りを確保し、世間を驚かせた。

また、同じく２０１０年の欧州債務危機についても市場の危機をいち早く予見し、多くのヘッジファンドがマイナス利回りを出す中で、同社主力商品である「Pure Alpha ファンド」は２０１０年には45％、２０１１年には23％と驚異的なパフォーマンスをたたき出した。

このように、どんな市場環境にあっても、安定的な投資成果を出すことから、米国政府、世界中の投資銀行やビジネス界のトップが、今後の方針を決める際にレイ・ダリオ氏の意見を取り入れているし、彼の発言一つで市場が動くこともあるほどに大きな影響力を持っている。

そんな未来を次々に的中させてきたレイ・ダリオ氏。彼はミルケン会議の常連のため、私は、数々のセッションを目前で拝見しているが、実は彼が未来を予測する際に最も重視しているものがある。それが「地政学」である。それはなぜか。次の項目で明らかにしたい。

未来予測のためには不可欠な「地政学」

現在のような複雑な変化が連続する時代になると、将来への不安からか未来予測が人気を博す。実際、世界中で多くの未来予測書が出ていて、近年は特に、テクノロジーの最先端を追うことによる未来予測が人気のようだ。たしかに、テクノロジーは我々の生活を大きく変えてきたし、これからもそうであろう。未来を知るのにテクノロジーをキャッチアップし続けることはとても重要だ。

しかし、あなたが未来予測の確実性をもっと高めて、この変化の激しい時代を生き残っていきたいのであれば、地政学の知見も欠かせない。

詳細は「中国の地政学」の項に書いてあるが、第20回中国共産党大会で、国家主席として異例の3期目に入った習近平氏が、「中国式現代化」をうたった。中国は鄧小平氏が掲げた「改革開放」以来、世界中の人材や資本を受け付け、世界から技術や経営を学んできた。ここにきて習近平氏の「中国式路線」で、中国の技術開発やサプライチェーンマネジメントは変わってしまい、中国へ投資をしていたり、中国で中国企業と事業をしていた外国企業は大きな影響を受けそうだ。ゼロコロナ政策の転換も２０２２年10月現在では起こらず、いまだに工場のロックダウンが起こり、世界中の企業に大きな影響を与えている。

海外で起きることがあなたのビジネスにリアルにダメージを与える。海外展開している企業に勤めている方であれば、中国の情勢一つで業績が激変する場合もあるし、ビジネスをしている現地国でデモが起きればその国から撤退を余儀なくされるかもしれない。日本で暮らしている人でも、日本はその資源のほとんどを輸入に頼っているので、今の世界的な食糧や燃料の高騰によって間接的にコストが増しているという人も多いのではないか。だからこそ、世界情勢を深く知り、その行く末を読み、危機を事前に回避することが重要だ。

ここで鍵を握るのが地政学の知見だ。前節でもお伝えした通り、世界情勢を大きく動かしているのは国のトップの言動であり、そんな「国のトップの思考法」をあなたの頭の中にインストールするのが地政学である。「あなたがプーチンだったら(ロシアという環境や条件に置かれたら)、NATOの東方拡大をどう考えるか?」。地政学の本質である「相手(国)の立場に立って考える」という姿勢を持ち、相手(プーチン)の深層心理をわかっていれば、ロシアがウクライナに侵攻するということは選択肢の一つとして現実的に考えられたであろう(ロシアがウクライナに侵攻した理由については、後に詳しく解説する)。もちろん、主権国家の領土を武力で侵略するというプーチン氏の行動を正当化するわけでは断じてないが。

そして、さらに重要な事実は、あなたが「自分の未来を変える」と考えているテクノロジーの行く末ですらも、「世界情勢」によって大きく左右されるということである。最近の例では、フェイスブックの「メタ」への社名変更が記憶に新しい。フェイスブックが「メタ」に社名を変えたのはいくつか要因があるが、ネット広告への規制が大きい。近年の欧米でのプライバシーリテラシーの高まりから、アメリカ当局がＩＴ各社に対して、プライバシー保護の監視を強めていた。それにより、個人データを活用した広告を展開するのが厳しくなり、広告収入の割合が大きかったフェイスブックは打撃を受けた。そのことが、フェイスブックをメタバース事業参入へと駆り立てたとも言える。

つまり、今後どんなテクノロジーが衰退し、どんなテクノロジーがいかなる形で新たに出てくるかということでも、国家の安全保障に関する意思決定により大きく影響を受けるということである。であるからして、テクノロジーも重要であるが、本当に未来予測の確実性を高めたいのであれば、より根本にある「世界情勢」に目を向けることが必要だ。そして、そのために「地政学」が欠かせない。

国の方針一つで、あなたのビジネスも、そしてテクノロジーの行く末ですらも１８０度変わってしまう。それくらい、地政学を活かした世界情勢分析は「未来予測の本質」なのであり、だからこそ、レイ・ダリオ氏は未来予測に地政学が最も重要だと考えているのである。

投資家で地政学を重視している例は枚挙にいとまがない。２０２２年９月にはコロナパンデミック発生後3年ぶりにリアルでシンガポールにてミルケンアジアサミットが開催され、私が、招待者オンリーでオフレコの「日本セッション」をチェアした。このセッションで真っ先に出た質問も、地政学がらみであった。日本への投資は地政学リスク抜きに検討できないという雰囲気であった。それは世界最大級のアクティブ債券運用会社のナンバー2からのものであった。これだけの大物が日本セッションに来て、「ここは対日投資について議論する場だが、地政学の質問をしたい。台湾有事がささやかれるが、アメリカと中国の間で日本はいかなる役割を果たすのか」との質問があったくらい注目されているのだ。

ビジネスでは複数のシナリオを持つことが大事

地政学は「最強の未来予測」である。これに間違いはないが、そんな地政学にも難しいことがある。中長期的に「何が起こるか」は予想できるのだが、その未来が「いつ起こるか」までを確実に当てることはできない。実際、「NATOが東方拡大したら、ロシアがウクライナを攻める」という「何が起こるか」については、何年も前から専門家たちが指摘していた。それは地政学がなせる技とも言える。しかし、それが「2022年2月くらいに起こる」とまでは読めなかった。

タイミングまでは読めないが、リスクをヘッジするオプションを作り出すのに地政学は役立つ。大事なのは「複数のシナリオを持っておく」ことだ。これをシナリオプランニングという。石油メジャーのシェル社が考え出した未来予測の技法だ。プランAに加えて最低でもプランBを持っておく。どちらに転んだとしても、その危機を回避できる可能性は高まる。

もちろん、そうしても、シナリオを超える事態が起こることも十分あるが。

最強な理由

03

〝教養〟が身につく

世界は学問別にできていない

紀元前350年頃に活躍した古代ギリシャの哲学者・アリストテレス。ソクラテス、プラトンとともに西洋最大の哲学者の一人とされる彼の哲学は、キリスト教、イスラム教およびその後のヨーロッパ世界に大きな影響を及ぼしたことで知られている。しかし、特筆すべきなのは、彼が哲学の分野のみならず、経済学、政治学、物理学、生物学、天文学、心理学、言語学など、あらゆる学問分野において功績を残した点にあり、それゆえ「万学の祖」とも称される。

それから時を経て、１４５２年。ルネサンス全盛期のイタリアに生まれたレオナルド・ダ・ヴィンチ。「モナリザ」や「最後の晩餐」で有名な彼だが、やはり彼もアリストテレス同様、美術のみならず、数学、工学、解剖学、地質学、天文学、歴史学、地図学など、あらゆる学問分野に精通していた。二人とも、いわゆる「知の巨人」と呼ばれるような人物だ。

私はこれまで世界の大学や研究機関を渡り歩き、今は世界最先端のテクノロジーに身銭を切って賭けている。政治家時代には国家の政策立案に関わり、世界中の国々や国際機関との対話の場も経験した。３０００人以上の世界のリーダーが集まる「ミルケン会議」のような場でも交流を続けている。

前述した私の多様な経験から思うのは、アリストテレスやダ・ヴィンチ同様に、あらゆる学問分野を統合しないと世界は見えてこないということだ。世界は学問別になどできていない。学問分野は研究しやすいように人間が勝手に細分化しただけのものである。世界を理解するには当たり前に学際的に学ぶことが必要になる。アリストテレスもダ・ヴィンチも純粋に「世界をあるがままに解き明かしたい」という欲求に従っていただけだし、少なくとも私が出会ってきた人々もそれだけのことだ。皆さんもそうであろう。日本の教育の科目別学習の癖から解脱する時なのだ。

地政学を知ることは、多様な学問を横断すること

――経済学・哲学・歴史学・宗教学・文化人類学・政治学・地理学

あなたがここで学ぼうとしている「地政学」さえ学べば、それで世界を理解することに近づけると思う。

地政学というと基本は「政治学＋地理学」である。しかし実際には、その2つに加えて、経済学、哲学、歴史学、宗教学、文化人類学などにもアプローチする必要がある。それらは「世界を正しく理解しようとすれば避けて通れない」からだ。

世界情勢は学問別になどできていない。中国のことを理解しようと思ったら、以下のようなポイントも重要になってくる。

- 中国という国がどんな場所や環境にあるのか（地理学）。
- 中国の歴史はどうだったか（歴史学）。
- そういった環境や歴史によって、どんな社会を築いてきたのか（文化人類学）。
- 統治するためにどんな政治体制を敷いているのか（政治学）。
- 宗教をどう理解し、いかに対応してきたか（宗教学）。

●なぜ産業革命や資本主義に乗り遅れたのか、中央集権体制で資本主義をやって今後どうなるのか（経済学）。

学問別にできていない世界をより正しく理解するためには、当然ながら幅広い学問を横断的に活用する必要があるのだ。「世界をできるだけあるがままに理解したい」と思っているなら、自然とこういうアプローチになってくる。

だからといって大変だとばかり思わないでいただきたい。今までの教育でバラバラにしていたものを総動員するのは結構面白いことでもある。

地政学は〝リベラルアーツ〟である

リベラルアーツという言葉が日本でも流行っているようだ。

リベラルアーツの本質は「世界をあるがままに理解して真の自由を手に入れよう」とすることである。世界に依存する日本国の国民である我々は世界情勢に振り回され続けている。世界情勢に服従する奴隷のような状態から自らを解放するために地政学を学ぶことをおすすめしたい。

皆さんがいるビジネスの世界はどうだろうか。学問別になど分かれているだろうか。そうではないはずだ。実際には、あらゆることが複雑に絡み合って生じているものだ。

学問分野とはそもそも人間が研究しやすいように、勝手に分けたものである。リベラルアーツという言葉は元々ギリシャ・ローマ時代の「自由7科」（文法、修辞、弁証、算術、幾何、天文、音楽）に起源を持っている。高度な専門分化が進んだ現代の学問は当時よりすべての研究が大幅に進化している。その進化したものを浅く広くつなげながら世界を理解していけるなんて、現代に生きる我々は贅沢である。アイザック・ニュートンが、論敵のロバート・フックに宛てた書簡の中で「巨人の肩の上から世界を見る」と言った。つまり、我々は偉大な先人たちの業績や研究の蓄積のおかげで、新たな知見やより高い視座から世界を見ることができることに感謝しなければならない。

今、リベラルアーツが世界的にも、そして日本でも見直されているのは、世界をより正しく理解するためには、こういった細分化された研究を横断的に実社会に活かす試みが必要とされているからだ。複雑な変化が連続する時代に、世界をあるがままに理解することが、ビジネスで何より重要になってきているのだ。

だからこそ、適度に広く浅く知識を持った人が必要とされる時代である。地政学を学ぶことは、単に「世界情勢がわかる」というだけでなく、あなたに適度に広く浅く教養をもたらす。世界のビジネスエリートが地政学を学ぶのは、このように、今のビジネスにおいて世界をありのままに理解する総合力が身に付くからなのである。

最強な理由

04

視座が変わる・相手の立場に立てる

「視座を変える力・相手の立場に立つ力」こそがビジネスの結果を決める

重要なビジネススキルの一つとして「より正確な現状把握力」がある。グローバル化やテクノロジーの進化等で複雑化する世界を正しく見る第一歩が現状把握である。現状把握を誤れば、その後いかに正確なデータをたくさん揃えてもビジネスの大事な判断は間違うのだ。

現状把握はとても難しい。なぜなら人間は見たいものしか見ないところがあるからだ。できるだけ現状把握を正確にするためには自分が今見ている一点だけ、一部だけ見つめるのでなく、様々な視点・視座から物事を見ることが大切である。

「群盲ゾウを撫でる」という表現がある。盲目の人たちが各々ゾウの頭や鼻や牙や身体やお尻やしっぽだけを触り、全体像を上手に把握できない様子のことを例えたことわざだ。ここで群盲、つまりバラバラに一部だけで物事を判断してしまわないようにするのが「視座を高める」ということだ。遠く離れたり、より高みから、頭、耳、牙、鼻、足、身体、お尻、しっぽを見ながら、ゾウの情報をつなげて全体像を把握するのである。

さらに具体的に例えれば、ニューヨークだけ、サンフランシスコだけ、テキサスだけを見て、「アメリカは……」と語ることが危険なことと同じだ。日本でもそうだ。東京や鳥取だけ見て日本を論じるのは適当ではない。

私の言う地政学では、全地球的な視野で国々の動きを分析・推測していくことが求められる。地理をもとに、気候、歴史、宗教、民族、周辺国情勢など多様な切り口を入れて全体像を浮き彫りにしていく。

視座を変えるという意味では地政学の良さは相手の立場に立つ訓練にもなるという点だ。私が最も重要なビジネススキルは何かと問われれば、真っ先に挙げるのはこの「相手の立場に立つ力」だ。これさえあれば、たいていのビジネスで成功できるであろう。

上司や部下や同僚や取引先やお客さんの立場に立てるようになれば、彼らとの交渉は成功したに等しい。あの上司は「私に対してやたら厳しい」とか、お客さんは「私が考えたこんなに素晴らしい商品を買わないなんて理解がない」とか思う前に上司やお客さんの立場に立つトレーニングをした方がいい。それが叶うのが地政学である。

このように、「視座」というものはビジネス上のすべてに関わってくる非常に重要な能力だ。「視座を自在に切り替える力」こそが、結果を決めると言っても過言ではない。

「メタ認知能力を開発する」のが地政学

あなたが今学びたいと思っている地政学を学びさえすれば、自然と「視座を変える力」は身に付く。なぜなら、先にもお伝えした通り、地政学の本質は「その国の元首になる〝ロールプレイングゲーム〟」であり、「相手（国）の立場に立つこと」だからだ。

例えば、日本人の多くはプーチン氏（およびロシア）や習近平氏（および中国）に対して、あまりいいイメージを持っていないのではないだろうか。もちろん、彼らの行動すべてを正当化することはできない。主権国家の領土や領海や領空を侵犯することは許されない。

しかし、同時になぜああいう行為を行うのかを、価値判断を横に置いて、分析するのは重要だ。その上でオプションを用意しないと、彼らの行為を現実的・持続的に変えることは不可能だと思うからだ。

「なぜロシアはあんなに大きな国土を持っているのに、他国を攻めるんだろう？」
「なぜ中国は日本近海で不当な行為を繰り返すのか？」
「なぜ中国やインドはロシアのウクライナ侵攻を公に批判しないのか？」

陸路で国境を接している国が一つもない豊かな島国で、自由民主主義の社会に暮らす我々が、普段の自らの社会における人間関係と同じ価値基準で、隣国の行動に目をやっても、見えてこない世界がある。彼らの置かれた環境に自らが近づいて、彼らの行動の背景に思いを馳せて、見えてくる世界があると思う。

彼らの立場に立ってみよう（これこそが「地政学」だ）。共通点は二国とも大国で、国境の多くを他国と接しているということだ。このような環境は常に「恐怖」と隣り合わせになる。

国を家に例えるとイメージがつくかもしれない。想像してみてほしい。あなたが広大な豪邸に住んでいるとする。部屋は20も30もあって、その分だけ窓もドアもたくさんある。当然、窓やドアが増えれば増えるほど、泥棒や強盗に侵入される可能性は上がる。家が大きくなればなるほど、あなたの心の「恐怖」は増していくばかりなのだ。

日本は四方を海に囲まれた島国だ。周りが海に囲まれているというのは、思っている以上に他国は攻めづらい。海から上陸するためには守りを固める人命の3～5倍の兵力が必要とも言われる。後で詳細を述べるが島国は自然の要塞なのだ。日本はあなたが思っている以上に、堅牢な防御力を持つ幸運な国なのだ。

しかし、ロシアや中国はそんな日本とは違う。陸で両国とも14か国ずつと長大な国境を接している。しかも、家（国土）が大きいから、どこから侵入されるかわからない。いつ国境を接する隣国に領土を奪われるかと、常に怯えているのだ。そこで最大の防御は隣国を攻め取ってしまうことだ。そして、さらに領土は広がり、国境線は延び、国内に異民族を抱えていく。

ロシアは約190、中国は約70の少数民族を国内に抱える。家に例えれば、窓は増え、玄関や裏口も増え、屋敷の中に、簡単に理解できない住人が増えていくのだ。だから少数民族を抑えにかかる。彼らに独立させたら広い屋敷がバラバラになりかねない。

家を大きくすれば新たに国境を接する国が増え、屋敷の中に少数民族も増え、外にも内にも恐怖が増してくる。敷地が広がれば広がるほど恐怖心も増していき、さらにそれが領土拡大の動機へとつながる。

どうだろうか。これは地政学のほんの一例だが、このように「自分がその国のトップだったら、どう考えるか？」が地政学の本質だ。

地政学を学ぶと「視座を変える力・相手の立場に立つ力」が付く。この地政学の思考過程そのものが、「相手（国）の立場に立って考える」ことである。しかも、特筆すべきは、国のトップの立場に立つ訓練なので、意思決定者の思考に近づけることだ。

先の例から、一つの洞察が得られる。それは、「人が表面上に出している言動と深層心理は必ずしも一致しない」ということである。これは一般の人間にも活かせる。相手を威嚇するものほど恐怖心を強く持っている（気が小さい）ということだ。

これはビジネスでも同じだろう。あなたの同僚や上司、取引先にも「常に威嚇的」「法外な要求を突きつける」という人はいないだろうか。しかし、そういった時に表面だけを見て、感情的になってはいけない。「この人がこんなことを言うのは、自信のなさの表れなんじゃないか？」「私に認めてほしいと思っているんじゃないか？」。「視座」を意識した対応こそが、ビジネスを有利に運ぶためのカギになってくるのだ。

「オクシモロン」という考え方

あらゆる観察対象には、白も黒も同時に存在するのだ。光と影があって立体的に物事が見えるのだ。引力と遠心力が作用して今の場所にあるのだ。白か黒か、竹で割ったような見方は絶対にしてはいけない。この考え方を「オクシモロン」という。

本書はオクシモロンの立場を取るので、歯切れが悪く感じられるところがあるかもしれないが、この複雑な世の中で、歯切れよく物事を断定できるはずもないのだ。小気味の良い物言いは説得力を持つこともあるが、大事な意思決定に関して、断定的に物事を論じることは危険だ。再現性ある科学の世界でも実はそうなのだ。例えば物理の世界。素粒子の世界になれば、我々が学習してきたニュートン力学では説明できなくなるのだ。そもそも人間の判断が蓄積されて国家としての力学となる地政学の世界が白か黒かで論じられるわけがないのだ。

本書のトーンはオクシモロンである。白も黒も同時に何事にも存在するという立場をとる。

- 人類の未来は課題にあふれているが、とても明るい。
- 中国は脅威でもあり機会でもある。
- アジアでのビジネスはリスクが高いが、リターンにもあふれている。
- 人間というものは美しく、そして醜い。
- テクノロジーは有益であり、有害でもある。

■諸行無常〜唯一不変なものは変化のみ

この本を書いている間にも世界情勢は刻々と変化していく。アメリカといっても、中国といっても、ロシアといっても、常に変わっている。もちろん、その中で変化の（地理的制約からの）法則を見つけていくのが地政学の試みだが、それとても、後述するが、気候変動やテクノロジーの進化で変わっていく。特に地理的制約が気候変動で今後大きく変化するであろう点は要注意だ。

あらゆるものは我々の意思に関わりなく、そして時に意思を受けて、変化していく。国家のリーダーが得たと思っている名誉も国益も、感じている恐怖も、得た瞬間から変化していく。

変化していく物事を理解したい場合は地道で継続的なアップデートが必要なのだ。そのことを地政学は教えてくれる。私の地政学プログラムでも参加者の4割はリピーターだ。一度地政学に触れれば、諸行無常の世界の扉が開く。永遠に正しい回答などはないのだ。継続的な学びこそが世界を理解する唯一の方法なのだ。自らも変化していくしか、変化していく中で安定は望めないのだ。

第2章

「地政学の思考法」を授けよう

「地政学の本質」を問い直す

地政学とは「その国の元首になる〝ロールプレイングゲーム〟」

地政学とは「その国の元首になる〝ロールプレイングゲーム〟」である。そして、「その国のトップの考え」に影響を与える要素に「地理」とその他「6つの要素」がある（図表3）。つまり、「『地理』と『6つの要素』にその国の条件を入れ込むことで、『その国のトップの考え』が決まる思考の枠組み」が「地政学の思考法」だ。そうして、「自分がその国のトップだったら、どう考えるか」、思いをめぐらせる。

では、「その国の元首になる〝ロールプレイングゲーム〟」とは具体的にどんなことなのだろうか。今何かと地政学リスクについて話題を提供してくれているロシアを例に考えてみた

図表3 「地政学の思考法」とは？

=「国の元首の思考法」
=「国の元首が共通して持つ考え方」の枠組み

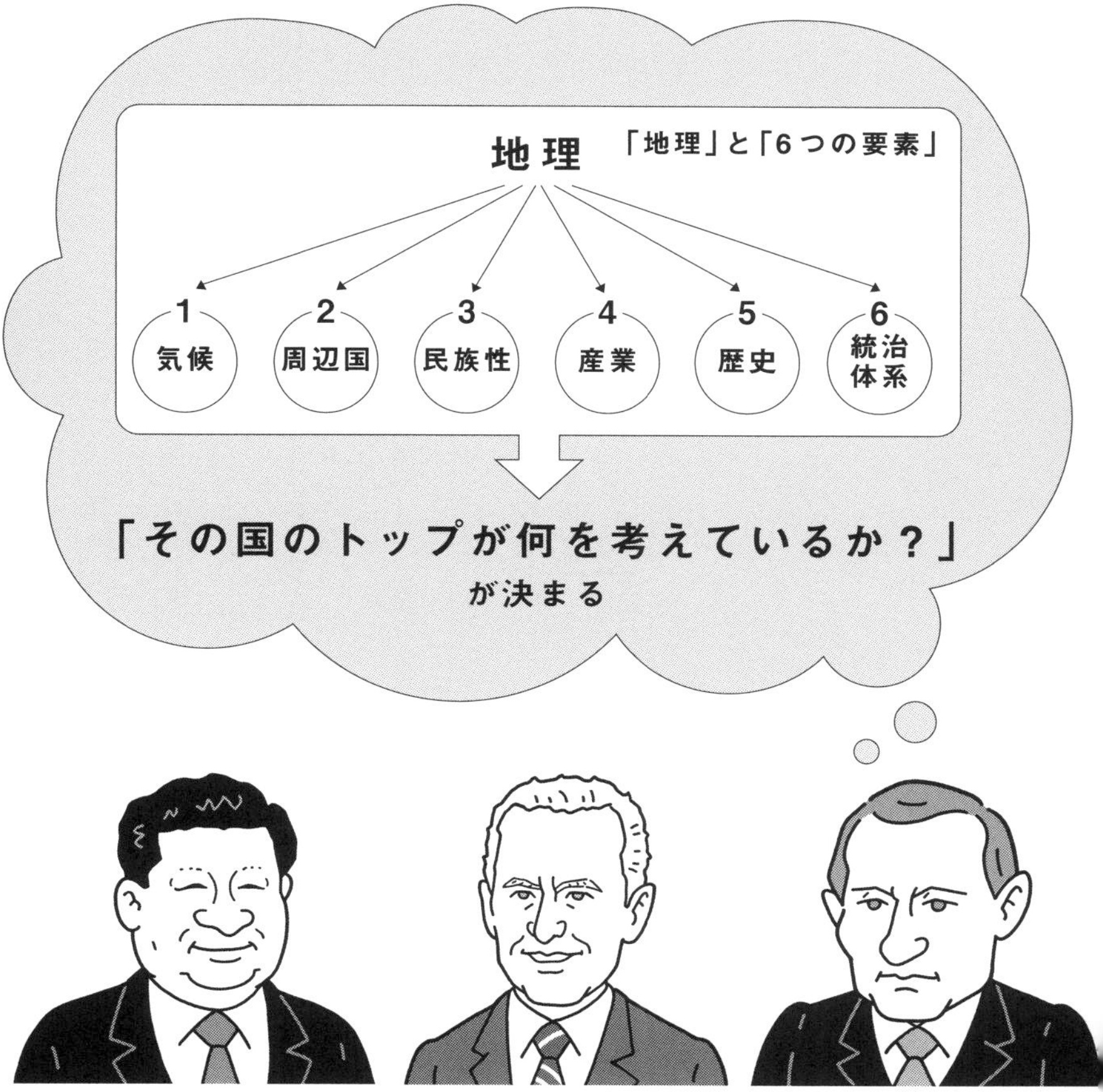

地政学とは「その国の元首になる
“ロールプレイングゲーム”」

い。

先ほど第1章で、「なぜロシアは大きな国土があるのに、他国を攻めるのか?」という疑問について簡単に説明した。ここでもう少し深掘りをしてみよう。あなたもプーチンになってみる。あなたが、クレムリンの執務室にどっかりと座っていたらどういう世界が見えるだろうか?

ロシアは世界一の国土の広さで、その面積は約1710万㎢、日本の約45倍である。東西に大きくまたがるため11ものタイムゾーンがあり、同じ国内でも時差は最大10時間にわたる。そんな広大な国土を治める立場にいるのだ。その広大な国土に190を超える少数民族を抱えているのだ。

あなたは大豪邸に住んでいる。その中には自分たちとは慣習や言葉も違う人たちが多く住んでいる。それよりある意味異質な人たちと、その広大な豪邸の敷地の境を接しながら窓やドアは増えているのだ。家が大きければ大きいほど、増えた窓やドアから強盗や泥棒に侵入される可能性は高くなる。プーチン氏は、陸続きの国境線が延びれば延びるほど侵入される恐怖は増すのだ。

地理が決まれば気候も決まる。ロシアの国土の約60%は永久凍土である。そしてその国土の80%は無人であるといわれる。国土が広く見えて、「なぜあんな広い国に住みながらまだ領土を拡大しようとするのか」と思う人もいるだろうが、80％が無人で住めない場所だとしたらどうだろう。

そして、地理が決まれば、必然的に「周辺国」が決まる。実は、ロシアは国境を隣接する国が14もある。ただでさえ、家が広くて侵入者に「恐怖」を感じているのに、侵入可能な窓やドアが増えたら、あなたならどう思うだろうか。「恐怖」はさらに強まり、もうこうなると、「攻められる前に、こちらから攻める」というマインドになりかねない。

ロシアという国は永久凍土など、居住や移動に適さない土地が多い。そのせいもあり、農業の生産性は低い。ロシアの耕地面積は1億2200万ヘクタールで、日本の28倍もあるが、穀物の単位面積あたり収穫高は1ヘクタールあたり2・4トンで日本の4割ほどしかない。そして、交易や海洋進出のために活用したい港湾の多くが、冬場に凍結してしまう。

こうして、「地理」が決まることで、間接的に「歴史」も決まる。「攻められる前に、こちらから攻める」というマインドと、生きていくために「不凍港」を求める動きが合わさる。あなたなら、どうするか。そう、だからこそ、ロシアは常に国外に進出を繰り返してきた。

もちろん、私はだからといってロシアの過去や現在の行動を正当化はしない。しかしながら、価値判断を除いてロールプレイング思考訓練だけやる。その上で自分ならどうするか？オプションを導き出すことがとても大事なのだ。

自らをクレムリンの執務室に置いて、価値判断はせずに、自分がプーチンならどうするかを考えてみることに意義はある。もちろん、違うオプションを導き出すことを試みるなど、相手の立場に立つことはとても重要である。この訓練はビジネスに役立つだけでなく、実際の和平交渉やその進展を読むことにおいても有意義だ。

地政学は「戦争」でなく「平和」のための学問

どうだろう。このように「要素」で考えていくと、例えば「ロシアがウクライナに侵攻した」というニュース一つをとってみても、その受け取り方が結構変わってくるのではなかろうか？

持続する現実的な平和を確立するためには地政学的理解が欠かせないのだ。世界はジャングルの掟が支配する。フランシス・フクヤマ氏が『歴史の終わり』で説いたような世界はやってこなかった。世界に自由民主主義が自然と広がり、国際機関や国際社会が国際法を使って平和を保障してくれるような世界はまだまだやってこないだろう。

現実的には平和とは力の均衡状態のことを言う。今回のウクライナ戦争は、プーチン氏がウクライナにおけるNATOとロシアの均衡状態が崩れたと判断して起こした。むき出しの力を使って状況を変えようとするリーダーの置かれた立場を理解して手を打たなければ、現実的で持続する平和はやってこない。

そのために地政学的理解、つまりロールプレイング的思考訓練が必要なのだ。善悪でリーダーを判断して勧善懲悪を期待してはいけない。ＮＡＴＯ側にもアメリカにも、国益・名誉・恐怖から来る地政学的判断がある。そこも理解して我々日本人は世論やビジネスの構築を目指すべきだろう。

ウクライナ戦争に勝るとも劣らないような地政学的リスクが、我々が住む日本近辺にもないわけではないのである。

それでも、やっぱり「地理」は大事なワケ

「地理」が「6つの要素」すべてを決める

我々は世界中ほぼどこにでも旅ができて、ほぼ世界中からスマホ一つで色々なものをオーダーできる時代に生きている。そのため、「もうテクノロジーは地理を乗り越えてしまった」と思いがちである。しかし、地理による運命を書き換える能力はまだまだ我々人類は手にしていないのだ。

スマホのおかげで世界中からオーダーできると思われている品々は、デジタル化できる商品を除いて、ほとんどが海を渡って我々のもとに届いている。デジタル情報の99%も海底ケーブルを通じて届いている。海を制するものが世界を制する時代は変わっていないのだ。

一方で個人で旅行はできるが、国として物理的に、欧州や北米に引っ越せるわけではない。後述するが私はシンガポール建国の父である故リークワンユーさんから三度も「今の地理的条件で日本が小さく、貧しく、老いていくのは相当まずいよ。日本は引っ越せないんだよ」と指摘された。地理的な運命を、今の人類が乗り越えることは難しいのだ。

ウクライナ戦争も台湾情勢も朝鮮半島情勢もすべてが地理的な運命から来ている部分が大きい。どんな国に周りを囲まれるのかは変えられない。

天候は地理に左右される。日本に台風が来るのも、台風発生地帯より南に位置するシンガポールで台風がないのも地理のせいだ。ロシアのほとんどが極寒の地にあり、アメリカが肥沃で温暖な土地を多く持つのも地理的条件のせいである。今後は期待したいが、気候を自在に変化させるようなテクノロジーをまだ人類は持っていない。

地理的な位置で国民性も影響を受ける。大陸的、島国根性、半島感情など色々言われるが、それらも一理ある。日々、目に入る光景や暮らしの風景や人の出入りは地理に左右される。

天候や国民性や周りの国々により、その国の統治体系も影響を受ける。地理的な位置で、獲れる食物も利用できる資源も左右される。そこから起こってくる産業も変わってくる。

地球上のどこにあるのか？　緯度はどのへんなのか？　島なのか？　半島なのか？　大陸の真ん中にあるのか？　これによって、国の運命は大きく変わる。今まで述べた要素によって歴史が作られてくる。歴史はその地理的条件から始まっているのだ。

かつてパンゲアという一つの大陸だった我々が住む世界も6つの大陸と多くの島に分かれてしまった。その後、我々人類が誕生した。そしてどこに住むのかによって我々の運命は左右されるようになってしまったのだ。

「地理」が習近平氏の支配体制を決めている？

中国は、ロシアと同様、異様なほど広い国土を有している。その国土の多くの部分、特に内陸部は砂漠地帯などの乾燥地域が続く。内陸部の乾燥地帯は「ステップ気候」と呼ばれ、日本とは異なり大木が育つことはなく、背丈の低い草木が生える程度。草原気候とも言われる。

そこで安定的に食糧を生み出すには大河川から灌漑などの大規模な土木事業を行い水を確保するしかない。よって、大規模な土木工事をするために大量の動員が可能になるよう広い国土を中央集権的に治める制度が確立されてきた。欧州のように高い木々や山脈が大地をさえぎることがないので、複数の国に分かれることもなかった。

巨大な国を作り、それを中央集権で束ね、巨大なインフラを建設して生きていくために、道路や文字や暦や単位を統一し、巨大な領地を隅々まで管理するために官僚制度を作り出した。

また騎馬民族の存在も大きい。ステップ気候帯は定住には適さない環境のため、常に移動する生活スタイルが確立した集団が常に存在した。彼らは気候の変化によって南下し、機動力・狩猟能力に長けていたので、それを戦闘力に転換しやすく、常に定住する人々の脅威になった。

中国はその騎馬民族らから広い国境線を守るのに必死だったのだ。中国は万里の長城などの軍事インフラ構築や軍隊整備を行って、騎馬民族の来襲から自らを守るためにも、統一した文字や暦や単位や官僚制度を作り出した。

「中国はなぜ中央集権的なのか?」への答えが少し見えてきたのではないか。中国が中央集権的、強権的なのは、こういった中国の地理的な制約があるのだ。「地理」によって、「統治体系」が決まり、歴史が作られた。「地理」つまり「場所」というのは、国において、運命を決定づけてしまう重要な要素なのである。

「地政学の思考法」6つのキーコンセプト

「地政学の思考法」はこれまでもお伝えしてきた通り、「『地理』と『6つの要素』にその国の条件を入れ込むことで、『その国のトップの考え』が決まる思考の枠組み」だ（図表3）。それによって、「その国の元首になる〝ロールプレイングゲーム〟」をしてみよう。

ここでは、次に「地政学の思考法」の「6つの要素」について、解説していこう。「6つの要素」は以下である。

【「地政学の思考法」6つの要素】

- 要素①：気候
- 要素②：周辺国
- 要素③：民族性

- 要素④：産業
- 要素⑤：歴史
- 要素⑥：統治体系

また、同時に、ぜひともオーソドックスな地球儀やGoogle Earth（グーグルアース）を見ながら読み進めてもらいたい。地形によって色を変えている伝統的な地球儀を見れば大陸が砂漠なのか、山なのか、森林なのかが一目でわかるからだ。

国境が自然の形状、山脈や大型河川などに沿ったものなのか？　それとも平坦な陸続きなのか？　深い海に隔てられているのか？　人為的に引かれた直線なのかもわかる。

海の深さも重要だ。そのためもし買うなら、海の深さによって濃淡がつけられている地球儀がいい。ただグーグルアースなら、これら地理的形状の詳細がかなり精緻にわかるので、おすすめだ。

①【気候】地理が決まれば、気候が決まる

気候とは、天気、気温、降水量、風の強さや向きなど。年により多少の違いはあるが、1

図表4　世界の気候区分

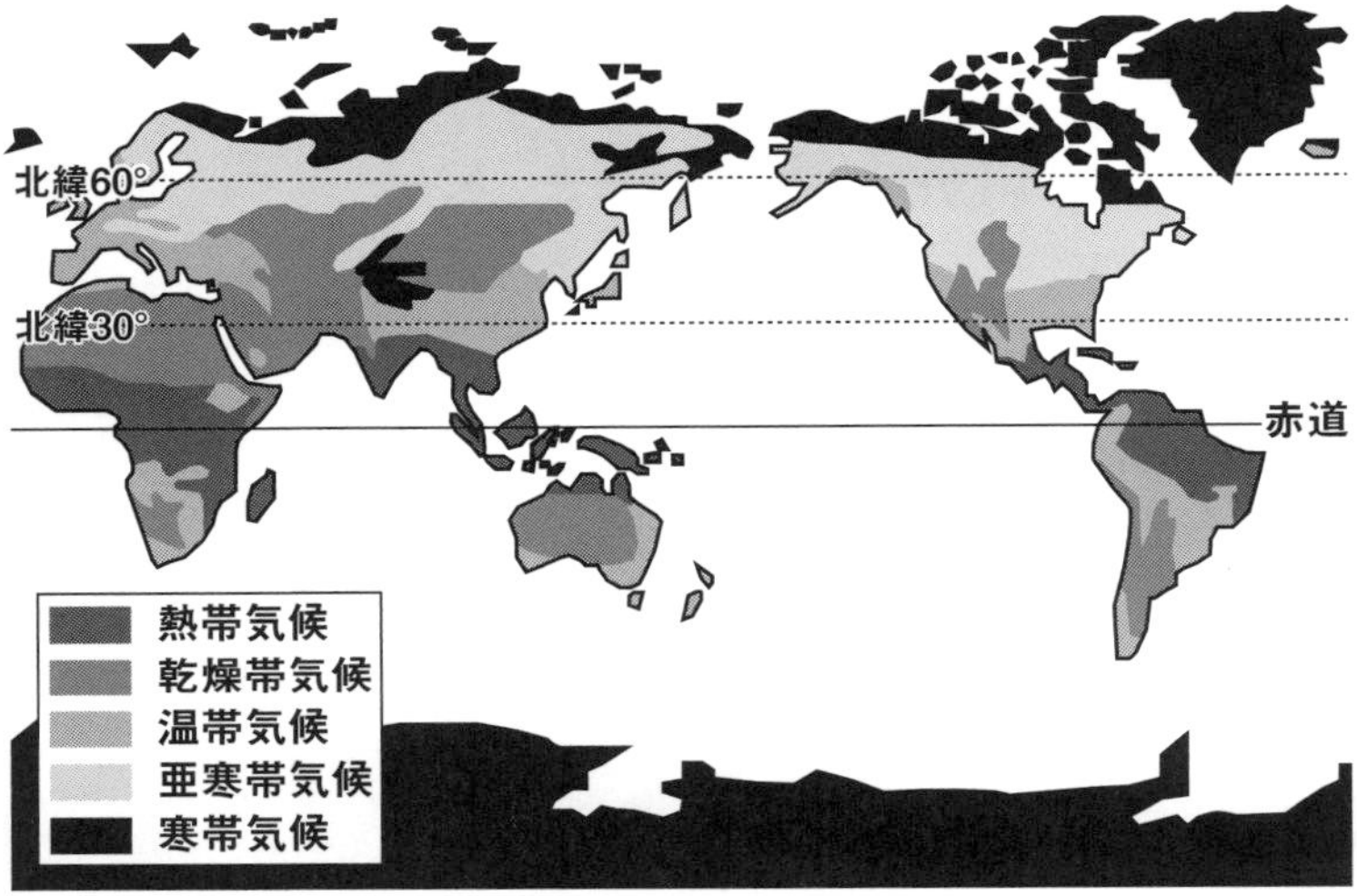

年ならびに例年を通して、平均的なその地域の特徴を表す。

地球の緯度により、熱帯気候、乾燥帯気候、温帯気候、亜寒帯気候、寒帯気候に大別される。特筆すべきはG7など先進国と呼ばれる国の大半は、北緯30～60度付近、四季があり、比較的温暖な地域に集中していることだ。日本、アメリカはその代表例であり、地理的恩恵をかなり受けている（図表4）。

逆に、この緯度から赤道に向けて外れている中南米やアフリカなどは気温が高く、砂漠やジャングル地帯であるなど、人が暮らすには優しくない。北極に向けてこの緯度から外れているロシアやカナダや中国北部も同様だ。

地理が決まれば、気候も必然的に決まるのである。もちろん、今後、気候変動でこれらの気候も変化する。その時は地政学的条件が変化するので多くの国が安全保障上の行動を起こすことになるだろう。気候変動が安全保障に及ぼす影響はすでに様々な場で指摘されている。

気候が変われば獲れる食物も変わる。信仰される宗教にも影響がある。土地の利用の仕方も変わる。それらは国のトップの安全保障上の行動に間違いなくインパクトを与えるのだ。

②【周辺国】地理が決まれば、周辺国が決まる

「地理」が決まれば、「周辺国」が決まる、自明のことでもある。個人では引っ越しも移住もできるが、国家は引っ越しはできないのだ。

ロシアと中国は地理的に14もの国々と国境を接している。そして、中国とロシアは世界一長い国境線を共有している。両国とも大国ではあるが、国境線の長さと陸続きの国の多さとその体制や宗教の違いを考えると気が休まる時はないであろう。

対して、わが島国日本は海に囲まれ、陸続きで国境を接する国はゼロ。アメリカもカナダやメキシコと国境を接しているが、両国ともアメリカのＧＤＰの10％以下と、相対的には小国だ。過去はメキシコと争いはあったものの、それ以外は大西洋と太平洋という大洋によっ

て守られている。

他国を攻める国のことを日本人が理解できないのも無理はない。ただ、レアケースなのはそのような国ではなく、むしろ陸続きの隣国の全くない日本の方なのだ。

反対に、ロシアと接している14の国側に立ってみると、どうだろうか。こちらも相当な危機感があるだろうが、ウクライナ戦争を経て、それは増すばかりだろう。実際、ウクライナ戦争後に、ロシアと1300キロにわたる国境線を共有するフィンランドはNATO加盟を申請している。国境を直接には接しないが、ウクライナ戦争が始まる前は中立国であったスウェーデンもNATO加盟を目指すこととなった。エストニア、ラトビア、リトアニア、ポーランドはすでにNATOに加盟している。

さて、海という天然の要塞に守られてきた島国も、隣接するランドパワーの強大化・進化する軍事力の前に危機感は増している。日本や台湾という島国を陥落させることは現代の兵器でも容易ではないが、ミサイル兵器の進化やサイバー攻撃との併用で、島国の弱点である兵糧攻めにあう可能性も浮上してきている。ましてや、中国とロシアそして北朝鮮が、敵の敵は味方とばかりに協力する部分が出てきたらなお一層厄介である。もちろん、中国とロシアは同床異夢の部分もお互いへの不信感もあるので完全なコラボは無理であろうが。

③【民族性】地理が決まれば、民族性が決まる

地理が決まれば気候が決まり、周辺国が決まる。そうなると気候とお隣さんでその国の民族性も影響を受ける。もちろん、後述する産業や歴史や統治体系もこれらに影響を与え合う。天然の要塞・島国の人々はのんびりしてくる。陸続きで異民族の侵略を受け続ける国と異なり、多少の紛争はあっても基本は完全に支配されることは考えにくかったので、他国にも関心がなく、異民族との共生を試みた経験も少ない。島国根性とはこのことだ。

一方、島国でも大きくて気候にも資源にも恵まれたアメリカは世界中から多様な人々が集まり、衝突しながら新しいものを作っていく（後述するが、アメリカも地政学的には「島国」とされる）。もちろん国土が広ければ色々な考えの人がいて一概にはいえないが。

一方、多様性があふれているように見えるものの、それらは侵略によって支配する形で異民族を自国に取り入れていった中国やロシアは、多様性への接し方が自発的に多様な人が集まったアメリカとは異なる。アメリカは差別はあるものの、それらを乗りこえようとして多様性を尊重し合おうというカルチャーが生まれている。

一方、侵略戦争に勝つ形で敗者として異民族を取り込んできた強権国家では、「敗者である

異民族を平等に扱うのか」という考えも存在し、自発的に多様性が集まったアメリカとは人権含めて多様性への対処に違いが出る。

大国に隣接する半島国家の人々は一般にのんびりとはいかない。半島の背後は海であり、文字通り背水の陣が日常だ。半島の入り口を山脈がブロックしてくれているイタリア半島やイベリア半島やインド亜大陸は天然の要塞といえるので比較的侵略を受けにくい。一方で半島の入り口が天然の要塞で守れているとはいえない、インドシナ半島や朝鮮半島は大国により蹂躙されたり、代理戦争の舞台になってしまうことがある。

中国と陸続きの半島にある韓国が中国から受けるプレッシャーは、隣国とはいえ海を隔てている我々日本とは比べ物にならないだろう。ベトナムの中国への警戒心や反発も地形上相当なものがある。

インドは亜大陸で大きな半島ともいえるが、ユーラシア大陸との連結部分の大半は、インドが小型の大陸としてユーラシア大陸に衝突した時にできたヒマラヤ山脈で守られている。しかし、その西の端であるカシミール地方はヒマラヤ山脈の防御が手薄になっている。そこで中国との衝突が繰り返され、この地域の人たちを中心に中国への警戒心は相当なものがある。過去にはここからアレクサンダー大王の侵略を受けた。

先述した通り島国日本も、中国、ロシア、北朝鮮に囲まれ、今後はのんびりした姿勢を続けるわけにはいかないだろう。

④【産業】地理が決まれば、産業が決まる

「地理」が決まれば、「産業（構造）」が決まる。産業革命は西欧と日本でしか広まらなかった。その背景には封建制度の誕生がある。封建制度は、

- 豊かな土壌
- 豊富な水資源
- 緩やかな分権的統治
- 騎馬民族の不在

という条件が揃った場所にしか生まれなかった。

封建制度が生まれて余剰生産と貴族が生まれた。小金持ちとその人たちが投資に回せるお金が生まれたのだ。つまり、封建制度が生まれなければ、起業家精神を発揮できる人たちは誕生しなかったのだ。その人たちが農業の生産性を向上させることでさらに儲けられること

に気づいた。彼らが資本主義の担い手になったのだ。

産業革命が起こった時に彼らは起業家精神を発揮し、技術と資本を活用して莫大な富を作り出し、さらに技術と資本を社会に広めたのだ。

印刷、コンパス、火薬の三大技術が生まれたのは中国である。しかし、中国は技術を産業革命に活かせなかった。それは中国では封建制度が生まれる余地がないほどの中央集権体制が敷かれていたからであった。強烈な中央集権官僚制度という、人類史に残る巧みな統治体系が発明された背景には、中国の地理的制約があったと述べた。広大な乾燥地帯に生まれた中国は、歴史的に、安定した食糧生産のために灌漑をはじめとする巨大なインフラ整備が不可欠で、かつ騎馬民族の襲撃から自らを守るために強烈な中央集権体制が生まれたのだ。貴族や彼らによる余剰生産（投資可能資本）の誕生は、強力な中央集権制度のために阻止されてきたのだ。

アフリカや南米でも産業革命は起きなかったのはこの条件が揃わなかったからだ。

⑤【歴史】地理が決まれば、歴史が決まる

地理が決まれば、気候、周辺国、民族性、産業が決まってくる。そうなればその国の歴史

も決まるといっていい。厳しい気候の中にあり、強大な周辺国に囲まれ、たびたび侵略を受け、勤勉性や起業家精神を育めず、自国を強化するような産業を興せなかったら、険しい山脈や大洋などの天然の要塞で守りがない限り、悲しい歴史となる可能性が高い。

特に大国が相互確証破壊につながる核兵器のような強力な軍事力を持つことにより、大国同士が直接の戦いを避ける場合、その大国の間に位置する国々(リムランドとも言う)が大国の代理戦争の舞台になってしまうことがある。今のウクライナがそれにあたる。かつての朝鮮戦争やベトナム戦争もリムランドにおける大国の代理戦争であった。特に半島国家は常に背水の陣で逃げ場がないような状態なのだ。

また、国家の指導者の重要意思決定は歴史に影響される。ロシア帝国の復活を夢見るともいわれるプーチン氏が大帝国であった過去の栄華を忘れられず、ロシアが国家として凋落する中で、危険な賭けに出ることがある。過去に大文明であったこともあり、急速に台頭する覇権国家候補が、尊大にふるまうこともある。歴史的建造物の近辺で指揮を執る指導者が、裸の王様になってしまう時は要注意である。地理的条件が作り出した過去の歴史は現在の指導者にも大いなる影響を与えることがあるのだ。

⑥【統治体系】地理が決まれば、統治体系が決まる

「地理」が決まれば、「統治体系」も決まることについては、先述の中国が中央集権的になる背景分析を参考にしてほしい。地理がその統治体系に大きな影響を与えるロジックについて考えていただいたと思う。

自由民主主義を謳歌している我々は、条件反射的に強権国家を批判しがちだ。また、強権国家は劣った統治体制であると思いがちだ。しかし、強権国家が生まれてきた背景にも思いを馳せる必要はある。簡単にその国で自由民主主義的な統治が生まれない、根付かない背景を理解しないと、アメリカが世界中に自由民主主義を輸出しようとしてうまくいかなかった学びを活かせない。

その他の骨格理論

その他の高名な地政学の骨格といっていい理論を簡単に紹介しておく。

マッキンダーの「ランドパワー対シーパワー」

「地政学の祖」と呼ばれるのがイギリスのハルフォード・マッキンダーだ。世の中の国は「ランドパワー（大陸国家）」「シーパワー（海洋国家）」に大別されるとの理論で、「人類の歴史は『ランドパワー』と『シーパワー』の戦いである」と提唱した。

ランドパワーとは、ユーラシア大陸にある大陸国家で、「国境の多くを他国と接している国々」である。陸上戦力を持ち、陸上交通の発達により物資や人の輸送を拡大する。ロシア、中国、ドイツ、フランスなどが代表国である。特にロシアや中国などは国土が大きいため、他国に攻められる前に自ら攻め入る攻撃的な特徴があり、拡大を目指す傾向がある。強権国家になることが多く、まず内なる敵を徹底的につぶす傾向があり、王様が怖くて本当のことが誰も言えず、裸の王様を生む。

シーパワーとは「国境の多くを海に囲まれた国々」である。海洋戦力を持ち、海上交通の発達により、物資を輸送していく特徴がある。イギリス、日本、アメリカといった島国が代表的。

領土に固執するより、比較的、自らがデザインする国際秩序の構築に走る傾向があり、貿易や金融で関係国に影響を与え続ける戦略をとる。貿易などで富を蓄積し、貿易や金融のために法による支配を確立し、封建制度を経て中央集権を打破している歴史を持ち、民主国家になることが多い。そのため、裸の王様は生まれにくいが、短期の人気取りに追われ、長期の目的を安定して目指しにくいし、国民が嫌う政策は実行しにくい。一方、ランドパワーほどの攻撃性はないものの、シーパワーもこれまで多数、他国を侵略してきた歴史もある（後述するが、かつての日本やアメリカもそうだ）。

ランドパワーは土地を占領することにこだわる傾向がある。一方で、先述のごとく、シーパワーは貿易や金融を通じて影響を与え続けることを目指す傾向がある。

ランドパワーは陸続きの国を勢力圏としてブロック化する傾向がある。シーパワーは、世界秩序を構築してそれを通じての支配を目指す傾向がある。

特筆すべきは、ランドパワーとシーパワーの二刀流は歴史上、両立し得ないといわれることだ。限られた自国の軍事力を海軍か陸軍か、自国の特性に応じて選択と集中をさせる必要があるからだ。ランドパワーとして勢力をつけ、海洋に進出し、シーパワーとなる傾向はアメリカや日本など歴史上例がある。その後、日本は再びランドパワーを目指し、中国大陸進出でとん挫した。アメリカもアフガニスタンやイラクでランドパワー挑戦の苦杯をなめている。何度も繰り返されてきたが、最終的には失敗するケースが多い。ランドパワーだったモンゴルもシーパワーとして日本侵略に失敗（元寇）。実はランドパワー、ロシアも同じく日本侵略に失敗（露寇）している。

のちに詳述するが、中国は史上初めてランドパワーとして海洋進出するシーパワーとの二刀流を目指している。さてどうなるか？

遠交近攻

中国の魏晋南北朝時代の兵法である兵法三十六計の第二十三計にあたる戦術である。著者は南北朝時代の南朝宋の将軍・檀道済。「遠い国と親しくし、近くの国を攻略する」という意味だ。読んで字の如く、遠い国と同盟を結び、連携して、近隣の国を攻め、相手を二正面作戦に陥れ、力を弱めて攻め取る軍事戦略である。今の中国は、ロシアと完全に利害を一致しているわけでないが、「共通の敵はアメリカ」というロジックで結び、アメリカを二正面作戦に陥れようとしているともいえる。第二次大戦でイギリスが大西洋を隔てたアメリカを巻き込んでドイツを叩いたのもこれだ。日露戦争は、イギリスが遠くの日本と同盟を結び、日本を使って欧州の敵ロシアを攻撃させた戦争でもあった。

一位・三位連合で二位をつぶす

第一位にある覇権国家は覇権に挑戦する国、いわゆる第二位の国を叩き落としたい。その時に、二位の国を落としたいという共通の利益を持つ三位の国を利用するのだ。かつてアメリカは自国の覇権に挑戦してきたと見えた世界第二位の経済大国・日本を、いきなりの米中国交回復、中国支援という手で、第三位の中国と組んで攻めた。現在は覇権国家アメリカが三位の経済大国日本と組んで中国をけん制している。欧州における覇権国家イギリスが、その覇権に挑戦してきたドイツを、欧州ではない新興国アメリカと組んで攻めたのもこの例にあたるといえるだろう。

国益・恐怖・名誉

国のトップが安全保障上、下す最終決断に含まれる要素は3つある。これらについては優先順位はない。別々に起こるのではないからだ。これら3つが同時に入り混じって決断がなされる。

- 国益
- 恐怖
- 名誉

国益の観点を持たないリーダーはいないだろう。そうでないといかなる政治体制であれ、国民への説明ができないであろう。強権国家だから説明がいらないという話ではない。強権国家のリーダーこそ実は最も国民を恐れているのだ。民主体制なら国益は当たり前に国民そして手強い批判的メディアにも説明しないといけない。

恐怖とは外からの恐怖が一般にそれにあたる。NATOの東方拡大に対する恐怖を持つプーチンがそうだ。加えて、国内の国民からの反発という恐怖もある。例えば中国は国防費の急激な伸びとその規模が、日本の外交・軍事専門家に脅威としてよく指摘されている。しかし、中国は国防費を上回る規模の予算を国内治安維持費に充てている。ある意味、国外の敵より国内の敵の方が怖いと言っているようなものだ。中国の倍以上の190を超える少数民族を抱えるロシアも、数値こそ発表していないが、多分、国内治安維持費は国防費に勝るとも劣らない規模であろう。

名誉とは強権国家でも民主国家でも、自分に酔うためにも国民の支持基盤を強固にするためにも必要だ。帝政ロシア時代の皇帝を夢見るといわれるプーチン氏。ロシアは1998年から2014年まで先進国首脳会議に招待されていて、今のG7は当時G8と呼ばれていた。プーチン氏率いるロシアは、一人当たりGDPも低く、資源頼みの経済も凋落気味で、そこでは陰に日向に、先進国扱いをされず、とてもプライドを傷つけられたという。「西側先進国、今に見ておれ」と思っていたのだろう。一方、過去の戦争の英雄である故・鄧小平氏や故・毛沢東氏に比べて、かくたる戦績を持たない習近平氏。長期政権を安定させるためにも何かの戦績を持ちたいという動機は持っているだろう。

重大地政学リスクの評価はもたらす「インパクト×確率」で判断する

次の章からは、各地域ごとに話題の地政学リスクイベントを評価していくが、そこの評価は「(そのイベントが発生した場合にもたらす)インパクト×確率」で判断すべきだと思う。

例えば台湾有事。個人的には、近い将来、例えば5年以内の、この発生確率はまだ低いと思う。しかし、第20回共産党大会を経て、世界の識者たちの中には「任期延長をさせた習近平氏が今にも台湾に侵攻する」と騒ぐ人が少なくない。私には、正しい情報を獲得した上で中国を研究していない人の荒唐無稽な意見や、過剰な台湾有事リスクを叫ぶことで利益を得るポジショントークが入っているように思う。そしてメディアは常にセンセーショナルな話題を求める。アメリカ政府は日本や台湾に有事対応への準備を加速させたい。日本の防衛族はここぞとばかりに発言権を増して予算を獲得したい。

地政学リスクイベントの発生を過大評価してもいけない。中国との外交行事をキャンセルしたり中国を国際イベントから締め出したり、今すぐに中国から撤退しようとしたり、中国ビジネスをむやみやたらに怖がったりするのもどうかと思う。それらは好ましくないサインを中国に送ってしまうことになるかもしれないからだ。

中国を追い詰めすぎるのもよくない。孫子の兵法がいうように、相手を追い詰めすぎることはリスクを増大させることになるのだ。

ただ、重大な地政学リスクイベントを評価する時は、確率だけでは十分ではない。確率が低くても、起こった時のインパクトが甚大であれば、それは無視できない。のちに詳述するが、台湾有事が起こすインパクトは世界を破壊するような大きさとなる。世界第一位、第二位、第三位の経済、そして半導体の中核技術を巻き込むものとなるからだ。

台湾有事の発生もロシアの核使用もこの本を書いている時点ではすぐに発生しそうではないと私は思う。それらの発生を過大評価して判断を誤ってはいけない。しかし、起こった場合のインパクトはどちらも甚大である。確率だけで判断するのも適当ではない。少ない確率でも頭の体操は怠ってはいけない。

第3章

「島国」の地政学

アメリカ・日本

「島国」の地政学の基本

さて、第2章で「地政学のベースとなる考え方」を学んだ。いよいよ第3章から各国の地政学を解説していこう。まずは、島国、シーパワーから見ていく。

まずアメリカそして我ら日本。そして、この2国については共通点がある。両方ともシーパワー、すなわち「島国」であるという点だ。

まずアメリカを見ていこう。アメリカより恵まれた国はないと思うくらい恵まれているのが巨大な島国「アメリカ」だ。東西を大西洋と太平洋という大海によって他国と隔てられている。大西洋と太平洋という天然の大要塞を横断してアメリカを上陸攻撃できる勢力はない。

気候についても、北米大陸の中でも最も気候のよい緯度を独占している。北米大陸における厳しい気候はカナダとメキシコが分け合う。アメリカ大陸中央部のグレートプレーンズといわれる大穀倉地帯に代表される、肥沃で水資源に恵まれる豊かな食糧生産能力を誇り、カロリーベースの食糧自給率は132％。

アメリカは、原油生産量で2015年にサウジアラビアを抜き、上位を独走中である。また、世界最大級の鉱物資源保有国で、多くの鉱物資源の埋蔵量で世界の10位以内を占めている。

そして誕生当時から移民で出来上がったこの国家は、世界中からリスクを取ってやってくる進取の精神にあふれる人々が作り上げた。欧州出身で、王政や貴族制を嫌い、代議制議会に対しても懐疑的な移民たちが、自らが選ぶ指導者、つまり大統領制を誕生させた。

基本1 守りやすく、攻められにくいが、兵糧攻めにあいやすい

日本やアメリカに限らず、台湾やイギリスなど、世界には50ほどの島国があるといわれる。これら島国の地政学的な最大の特徴は、周りをぐるりと海に囲まれているため、他国から侵略されにくいことだ。上陸作戦には守備側の最低3倍の兵力が必要とされる。

世界最大の帝国の一つであったランドパワー、モンゴル帝国をもってしても日本上陸に二度も失敗している。台湾有事がいわれて久しいが、現段階では中国の軍事技術や兵力をもってしても台湾を攻略することは容易ではない。

一方で島の欠陥は兵糧攻めに弱いということが挙げられる。いかに防御が強くとも、資源を海路で他国に依存していては、海上封鎖によって兵糧攻めされやすい。しかし、先述のごとく巨大で豊かな島国アメリカは資源と食糧生産能力に恵まれている。加えて太平洋も大西洋も、封鎖しようにもマラッカ海峡やホルムズ海峡や台湾海峡のようなチョークポイントがなく、兵糧攻めが不可能に近い。

基本2 まず一度はランドパワーとして成長する

「ランドパワー」と「シーパワー」という分け方も時間軸によるところがある。島国シーパワーも、その島を国家として統一するまでは島の中でランドパワー的な動きをしているということだ。島を国家としてまとめて、それからシーパワーとして外に出ていくのだ。

アメリカも日本もそうだった。まずアメリカ。イギリスからの独立当時、世界最強のイギリスとの独立戦争に勝ったとはいえ、当時のアメリカには東海岸に13州があったのみだった。それぞれの州もその後開拓していく中央から西部に比べると、一つひとつがとても小さかった。だが、それでも海に囲まれていて他国から攻められにくいこと、気候がよく農業に適していた土地の利を活かし、徐々に内陸部にまで開拓の波は広がり、人口も比例するかたちで増えていき、内需を拡大させていった。まさにランドパワーとしての成長だ。

そして、ランドパワーのアメリカはさらに拡大を続けた。北と南に位置する土地に進出し、1867年にはロシアからアラスカを手に入れる。さらに、当時まだアメリカにはなっていなかったカリフォルニアやテキサスの一帯を、メキシコから勝ち取り、ランドパワー大国としての地位を盤石としていく。

基本3 ランドパワーを経てからシーパワーになる

このままアメリカの例で紹介しよう。そうしてランドパワー大国として発展したのちに、海に出始めると、まずは近海から手をつけていく。当時、スペインが植民地としていたキューバなどが位置する、カリブ海沿岸だ。スペインに勝ったアメリカはカリブ海だけでなく、同じくスペインの統治であった、フィリピン、グアムの統治権も得る。

その後はハワイなども植民地化していき、次第にシーパワーとしての存在感を示していく。

第二次大戦までアメリカも帝国主義国家の様相を見せていたが、戦後は徐々に領土への固執を減退させていく。

前述のごとく、シーパワーの国は領土拡大に固執しない。まず、陸続きのランドパワーと違って、島国シーパワーにとって、他国の領土を侵略し、そこを統治することは、飛び地の支配に他ならない。補給も容易ではなく、文化も統治体系も違う飛び地を支配するのは容易ではない。一度支配したら、継続的に補給しながら飛び地に人材を派遣して統治し続けるのは至難の業だ。のちのベトナム、イラク、アフガニスタンでもほろ苦い体験をし、学んだ。

それより、交易や金融を使って、飛び地でも影響を与え続ける方が効率的である。そして、徐々に自国に有利な国際秩序を構築してシステムで疑似コントロールをする方が理に適っているのだ。

実際、1872年、明治5年には、アメリカはイギリスを抜いて世界ナンバーワンのGDPを達成していた。その世界一の工業生産力を背景にした軍事力も第一次世界大戦前には他国をすでに圧倒していた。しかし、第一次そして第二次世界大戦も自ら積極的に参加したわけではなかった。

ドイツのアメリカ商船攻撃による被害もあり、第一次世界大戦にはイギリスの要請を最終的には受け入れ参戦。しかし、その後は、「もう再び、欧州の対立に引き込まれるのは避けたい」との孤立主義がアメリカの外交政策を支配した。しかし、日独伊三国軍事同盟というファシズムの台頭へ危機感が生まれ、日本の東南アジア進出をきっかけにさらにアメリカの東南アジア権益への打撃を懸念し、三選を果たしたばかりのルーズベルト大統領は参戦の方向へ舵を切った。

「島国であり、ランドパワーからシーパワーになり、その後、工業生産で経済力をつけ、海洋国家として世界大戦に参加」というこの経路はアメリカも日本も重なる歴史を持っている。

基本4 政治リーダーは内政問題を重視する傾向がある

「島国」の地政学の特徴は、その国の「民族性」にも影響を与える。

島国で自給自足ができているうちは世界に関心を持たない鎖国的な孤立主義的傾向がある。しかし、交易による経済成長で人口と経済を増加させた後は、帝国主義の世界的潮流に乗って、それを維持発展させるためにも積極的に海洋に出ていこうとする。

しかし、そもそも陸続きで攻防を繰り返してきた欧州諸国に比べると、天然の要塞に守られてきた経緯があり、危機意識は薄い。特に兵糧攻めにあわないほどの豊富な食糧生産、天然資源、工業生産力にあふれていると、内向的で外交経験不足からくる外交音痴の傾向がある。他国の動向に思いを馳せるロールプレイング能力も低い。

アメリカは基本的に国内にミニ地球を保持するような規模の多様性を持つため、内政で様々な問題が起こる。食糧もエネルギーも自給できるので、海外情勢に疎くても困らない。

世界の国際関係に最も影響力を持つ国だが、政治は内政重視なので、世界を振り回してしまう傾向がある。

例えば、第一次大戦後にアメリカ自ら国際連盟の設立を提唱しながら、自らは加盟しなかった。また記憶に新しいところでは、ＴＰＰを自ら仕掛けながら、最後にはこちらにも自分は入らなかった。

多様性あふれる覇権国家なのでグローバル志向に見えるが、実は意外にガラパゴスなのだ。私はアメリカを「大きなガラパゴス」と呼ぶことがあるが、あれだけのサイズと実力があればガラパゴスでも世界をリードできるのだ。

一方、日本はアメリカほど広くない島国だが江戸時代末期に人口は３０００万人を超えており、そこそこの人口がいた。東側は広大な太平洋に守られ、西側は急流の日本海が近隣のランドパワーの侵略をさえぎった。ランドパワーによる日本列島への挑戦は、モンゴル帝国による元寇とロシアによる露寇くらいだが、二度とも海を渡っての上陸作戦に不慣れなランドパワー（モンゴル、ロシア）の限界と、武士という組織的で手強い軍事力の存在で危機を乗り切った。

一方で、一部の国とは通商はあったが、大枠では２５０年を超えて鎖国を貫き、海洋進出を行える技術や資金の蓄積も明治維新まで十分ではなかった。アメリカと違い、世界から移民が押し寄せて国家が作られた歴史もない。よって、変化を嫌い、多様性に不慣れな社会が出来上がったのだろう。

しかし、幕藩体制は緩やかな分散型の社会と地方ごとの創意工夫を促し、多くの革新的な技術やビジネスライクな地方自治体運営も生まれた。そのせいもあって、文化や技術が外国勢力によって急速に移植された明治初期には、劇的な社会革新を遂げた。明治の日本社会は、今のアメリカもびっくりの、弱肉強食むき出しの資本主義社会であった。転職、投機、買収合併が当たり前で、人々のリスクテイク、起業家精神も旺盛だった。世界中から最先端の人材を集め、彼らを要職につけ、真摯に学んで世界へのキャッチアップを果たした。

我々日本人は閉鎖的で島国根性丸出しのところもあるが、明治初期のような転換点では、海外に素直に学びダイナミックな転換を行った実績もある。今こそ後者の日本的特性が求められるのではないか？

アメリカの地政学

移民精神が今でも息づき国民性に

北米大陸の中央部に位置するアメリカ。緯度は日本とほぼ同じ、北緯35度~40度付近にあり、ロシアや中国に多く見られる寒冷気候や乾燥気候とは異なり、温暖で雨量にも恵まれ、四季がある。人が生産活動をしながら暮らしていくのには最適な気候である。

気候に恵まれているので、とうもろこし、大豆、綿花、牛肉などの農産物を大量に生産する、世界屈指の農業大国でもある。加えて、世界3位の広さの国土にはグレートプレーンズのような大平原もあり、地下にはオガララ帯水層があり水資源にも恵まれ大規模な機械農業が発展している。

北部ではカナダと、南部ではメキシコと接しているが、どちらの国もGDPはアメリカの10％以下と相対的に小国であり、侵略される不安もない。そのため建国当初は日本と同じ島国的な感覚で、まずは国内を安定させることに力を注ぐことができたランドパワーであった。

北米大陸にはネイティブアメリカンと呼ばれる先住民族が暮らしていた。だが、17世紀になると、当時世界を席巻していたヨーロッパのシーパワー・スペイン、フランス、イギリスなどから大西洋岸に多くの移民が押し寄せた。

次第に経済力をつけていき、1775年に始まったアメリカ独立戦争で、当時世界最強であった大英帝国に勝利。イギリスからの独立を宣言する。イギリスに勝てたのも、大西洋という天然の要塞を活かしたシーパワーとしての地の利の勝利といえるだろう。

イギリスにとっては大西洋を横断していくだけで疲弊したのだ。アメリカは疲れ果てたイギリス軍を沿岸で待ち構えて撃退する戦いに勝った。ここでも、島国シーパワーがいかに守りに強いかを歴史的に証明している。

アメリカに移り住んでいったヨーロッパの人たちを極言すれば、当時の、イギリスを中心とするヨーロッパ社会からハブられた人たちと言っていいだろう。伝統より進取の精神という人たちであった。今の飛行機による海外旅行と違い、当時の渡米は、まさに命懸けだった。

壊血病や海賊や海難事故で多くの人が命を落とす長期間の航海。それをいとわない開拓者たちであった。彼らが間違いなく若いアメリカという新興国家の成長の原動力となっていく。日本版シリコンバレーなど、日本政府も新興企業振興の掛け声をかけるが、それは容易にまねできない。日本人がアメリカ人には勝てない、ということではなく、社会の成り立ちが違うのだ。世界中からリスクをとって集まった人たちが作ったエコシステムを簡単にはまねはできない。

欧州伝統社会に嫌気がさしたり、ピューリタン信仰を広めようとしたりして、移り住んだ人々、アフリカや中国などのアジアから奴隷として連れてこられた人々、中南米やアジアから一攫千金のチャンスを求めてきた人々。このような経緯で多様な人々で出来上がったアメリカの社会システムは唯一無二といえよう。

世界的スタートアップの多くがアメリカ発の理由

経済のエコシステムが世界中で老朽化する中、世界各国がアメリカのシリコンバレーの活力に憧れ、新興企業を育成しようとしている。しかし、簡単に形から入ってはいけない。あれはアメリカ人が凄いというより、凄い人を世界中から引き付けアメリカ人にしてしまうというアメリカの寛容さとしたたかさが生んでいる仕組みなのだ。

アメリカのメジャーリーグベースボールがいい例だ。日本生まれで日本のプロ野球出身、二刀流でメジャーリーグを席巻している大谷翔平選手。アメリカでは彼のことを「ジャパニーズプレイヤー」とは言わない。日本でいう「ガイジン」とか「助っ人」と絶対言わない。「ジャパニーズ・ボーン・プレイヤー」と言うのだ。「たまたま生まれたのが日本だったというメジャーリーガー」という意味だ。世界の才能をアメリカのシステムにどんどん入れていくおおらかでしたたかな仕組みがアメリカの活力を支えているのだ。

シリコンバレーのスタートアップで成功している人の大半も、アメリカで生まれていないのだ。インテル、イーベイ、ペイパル、ヤフー、オラクル。これらシリコンバレーのスタートアップとして生まれた企業の創業者は全員移民一世なのだ。テスラやスペースXに加えて、私の投資先でもあるツイッターのオーナーにもなった、あのイーロン・マスク氏も南アフリカ出身である。

どこで生まれた人でも、活躍して社会を活性化してくれる人は、アメリカ人にしてしまうのがアメリカなのだ。もちろん、アメリカにも色々な人がいるので、増え続ける移民に対して冷たい視線を送る人もいる。才能ある移民のせいで職を失ったと思っている白人たちがそのフラストレーションを熱気に変えて、支持し誕生したのがトランプ大統領であった。

アメリカが世界の成功者予備軍を社会に迎え入れる仕組みは、スタートアップエコシステムより先に始まっている。それは世界最高の教育研究機関だ。アメリカの大学やその前段のボーディングスクール（全寮制の中学校・高校）の時点で、世界の才能を英語で集めている。

欧州でもイギリスやドイツやフランスやポルトガルなど、移民に開いている国ではスタートアップエコシステムができ始めている。それらの国のうち母国語が英語でない国でも英語による教育を大学で徹底して、世界からの人材獲得競争が始まっている。

日本も日本版シリコンバレーを目指すなら、日本人ですべて完結しようとしてはいけない。成功者予備軍を世界中から日本に引き付けるエコシステム、教育システムが必要だが、伝統ある島国日本が世界に門戸を開けるか？　ただ、日本生まれでない選手を広く受けている、ラグビーの日本代表チームの編成を見ているとその可能性はゼロであるとは思わない。

空気が支配しない国家

アメリカが地政学的に見てユニークだと思える点は、他国の歴史と異なり、王族や貴族、皇帝といった選挙によらない絶対的な権力を持つ君主が、国を統治していなかった点だ。民主主義国家は今でこそ多くあるが、歴史を振り返れば絶対君主を革命で倒す流れで出来上がっていったからだ。

ところがアメリカは、全くのゼロ状態から移民を中心に国を作っていった。長い歴史で統治システムを培うというより、欧州の統治制度に対する反動から、トライ&エラーの手探りで実験的な取り組みを積み重ねていった。

特にイギリスで政治のプロの集団である代議制議会に国家運営をまかせる議院内閣制度の問題を感じ取ったアメリカの建国者たちが、自分たちが直接選出する代表に行政を任せる大統領制を生み出したことは興味深い。

アメリカ大統領制度は政治経験が全くない人物でも、国民から直接選ばれれば、国家の行政を指揮できるというダイナミックな政治制度だが、政治経験ゼロのトランプ大統領が誕生し、その地位を限界まで乱用し、いかなる制度も完ぺきではないことが世界に知られた。

世界中から様々な文化や宗教を背景に持った人々が自由と成功を求めて自発的に集まり、権利を主張し合うアメリカ社会。それらの人々を統治するには、日本のような同調圧力という空気による支配は無理だ。宗教や文化の壁を越えて説得力を持つのはデータに基づいた科学的議論である。ビジネスでもアカデミアでも政治でもスポーツでもデータに基づいた、より客観的な議論が重要視されている。個人の自由が最優先される社会なので時に混乱してみせる。

コロナ禍の最初の段階では、同調圧力が通じないアメリカでは、個人の権利を主張して自由な行動を求める人々が多く、多くの被害を出した。しかし、時間が経つと、そのトライ&エラーの精神で、革新的なワクチンを世界に先駆けて早急に作り出し、一足早くコロナ禍から脱するとともに世界にアメリカの科学技術力を見せつけた。

同調圧力に屈せず、権利を主張し合う人で成り立つアメリカの特性は、コストのかかる訴訟社会を助長している面はある。一方で、多様な背景を持つ人々によって成り立つアメリカ社会で揉まれ練られた製品やサービスはそのまま世界展開しやすい。

ダイナミックなアメリカ社会を支えてきたのは、アメリカンドリームという社会的流動性(敗者復活・再チャレンジ)。行動力とアイデアがあれば誰もが成功するといわれてきた。しかし、昨今は、経済力の格差が広がり、それが子弟の教育格差も固定化し始め、経済力がある家庭に有利なテクノロジー教育がいかなる成功にも不可欠な時代が進むとともに、社会的流動性が失われ始めた。格差の固定化はアメリカ社会を分断し始めている。今後アメリカがその独自のトライ&エラーで社会的流動性を取り戻すことができるであろうか?　大きな政府の介入による格差是正を嫌う自助の精神をモットーとする人たちがいかなる格差是正策を受け入れるであろうか?

なぜ世界中に軍事拠点を置くのか？

日本の地政学の箇所でも触れるが、アメリカは世界中に軍事拠点を置いている。沖縄の基地が世界最大ではあるが、それ以外の各地にもある。なぜ、アメリカは莫大なコストをかけて自国の兵力を世界に展開するのか？　地政学から見ると、本質ならびに背景が見えてくる。

アメリカは世界一のシーパワー国家であることは先ほど説明した。そのシーパワー大国を支えるのがアメリカ海軍である。私はアメリカ海軍幹部から「我々アメリカ海軍の戦略目標は世界中でアメリカ企業、そしてアメリカ政府の投資リターンを守り高めることだ」と断言されたことがある。

そのために、アメリカは、世界の三大重要地域で覇権を確保したいとの戦略がある。世界経済の覇権を維持するのに不可欠な3つの地域だ。それは、

- アジア
- 欧州
- 中東

図表5　世界の米国軍事基地

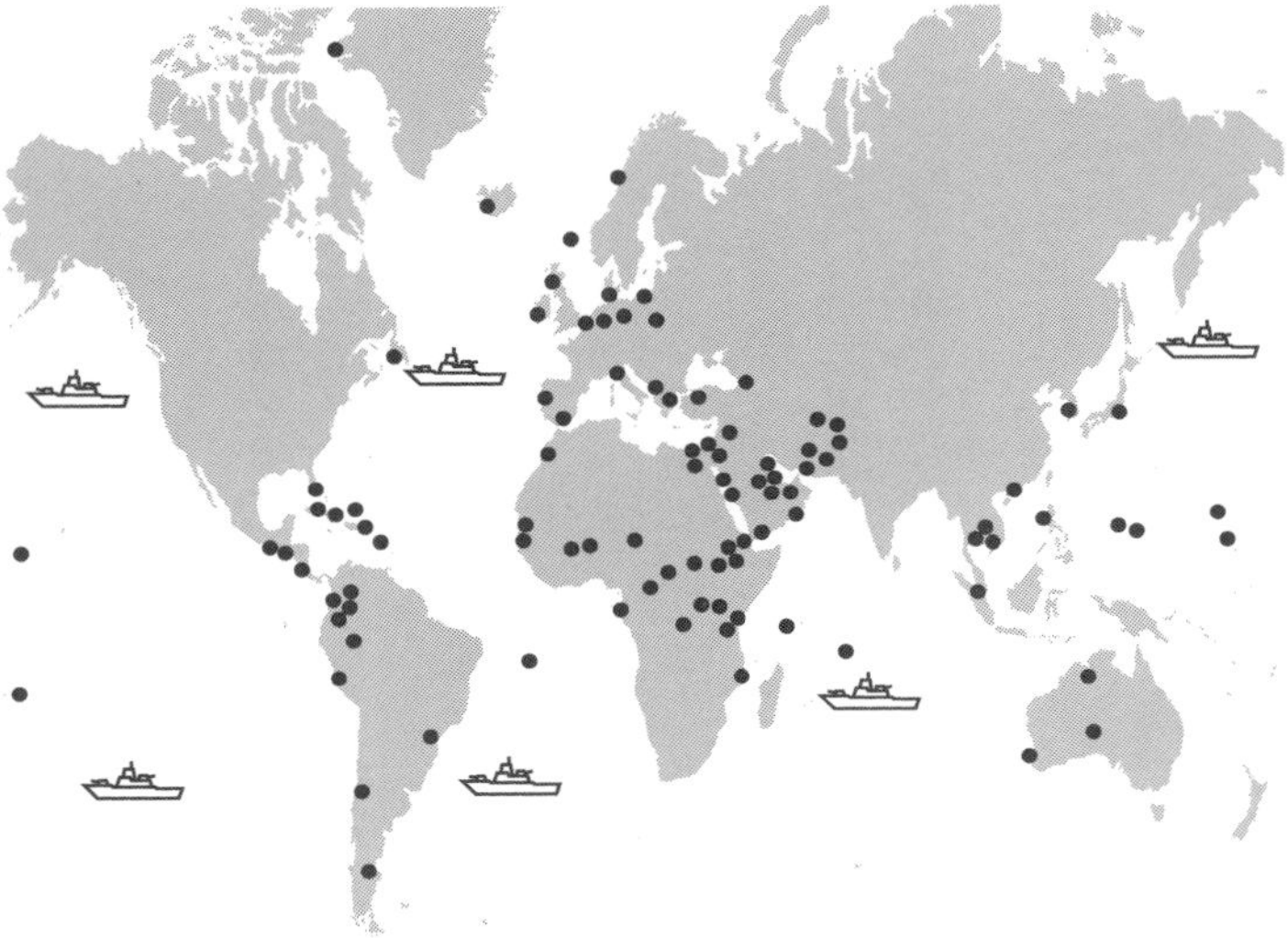

である。この3か所で自らの覇権を脅かすような潜在的パワーは全力でその台頭を阻止するというものだ。

アジアは沖縄である。ここは世界中の各都市を大陸間弾道ミサイルで狙える稀有な立地である。加えて、食糧とエネルギーの大半を、ホルムズ海峡、マラッカ海峡、台湾・バシー海峡というチョークポイントを通じて輸入に依存する、最大の同盟国である我が国のシーレーンを守る意味もある。

ヨーロッパであれば、ドイツのラムシュタイン空軍基地が筆頭だ。アメリカという枠を超えNATO軍の司令部も置かれており、ヨーロッパ全土はもちろん、アジアやアフリカの一部の地域までをカバーする。

トランプ大統領時代に規模の縮小なども行なわれたが、それでも駐留するアメリカ軍人の数は数万人規模に及ぶ。

中東やアジア地域の監視はインド洋に浮かぶ、インドのディエゴ・ガルシア米軍基地が担当する。実際、湾岸戦争やイラク戦争、アフガニスタンの有事の際には、こちらの基地からアメリカ軍の爆撃機などが出撃している。

三大拠点ではないが、ロシアや今後ホットスポットとなる北極海の監視のために、グリーンランドにもチューレ空軍基地を構えるなど、大小合わせるとアメリカ軍の国外での基地は800以上にも及ぶ。

アメリカはあくまでシーパワーであり、その特徴として領土にこだわらない。貿易や金融を通じて他国に影響を与え続けることを目指す。そしてアメリカがデザインした世界秩序を各国に強いる形で支配する。今の国際機関や世界の貿易や金融システムは、ほとんどアメリカがデザインし、世界秩序に関わる人事を独占する形で仕切っている。

■海を制するものが世界を制する

アメリカが世界に展開する基地は80か国以上、８００か所を超える。アメリカは世界中に軍事拠点を置き、最新鋭の兵器を配備することで、世界の覇権を握る。特に、シーパワー・アメリカは世界各地の海の要所を軍事力で押さえることで、アメリカの覇権を確保しているといっていいだろう。具体的には、世界各地に約10か所ある「チョークポイント」と呼ばれる要所だ。

海を制するものが世界を制するのは今でも世の常なのだ。デジタルが幅を利かせる現代でも、世界の物流の95％以上は海路を通じている。そして、インターネット上の通信の99％以上は海底ケーブルを通じて行なわれる。

そして、物流が集積する海上の重要な航路のことをチョークポイントという。この重要航路を支配できる力こそがシーパワーの力の源泉である。経済と人口のボリュームが大きいところから中東の石油に依存する我が国にとってのチョークポイントはホルムズ海峡そしてマラッカ海峡である。

日本が安定的に貿易ができる背景にはアメリカが日本のシーレーンを防衛してくれ、日本

図表6 アメリカが押さえるチョークポイント

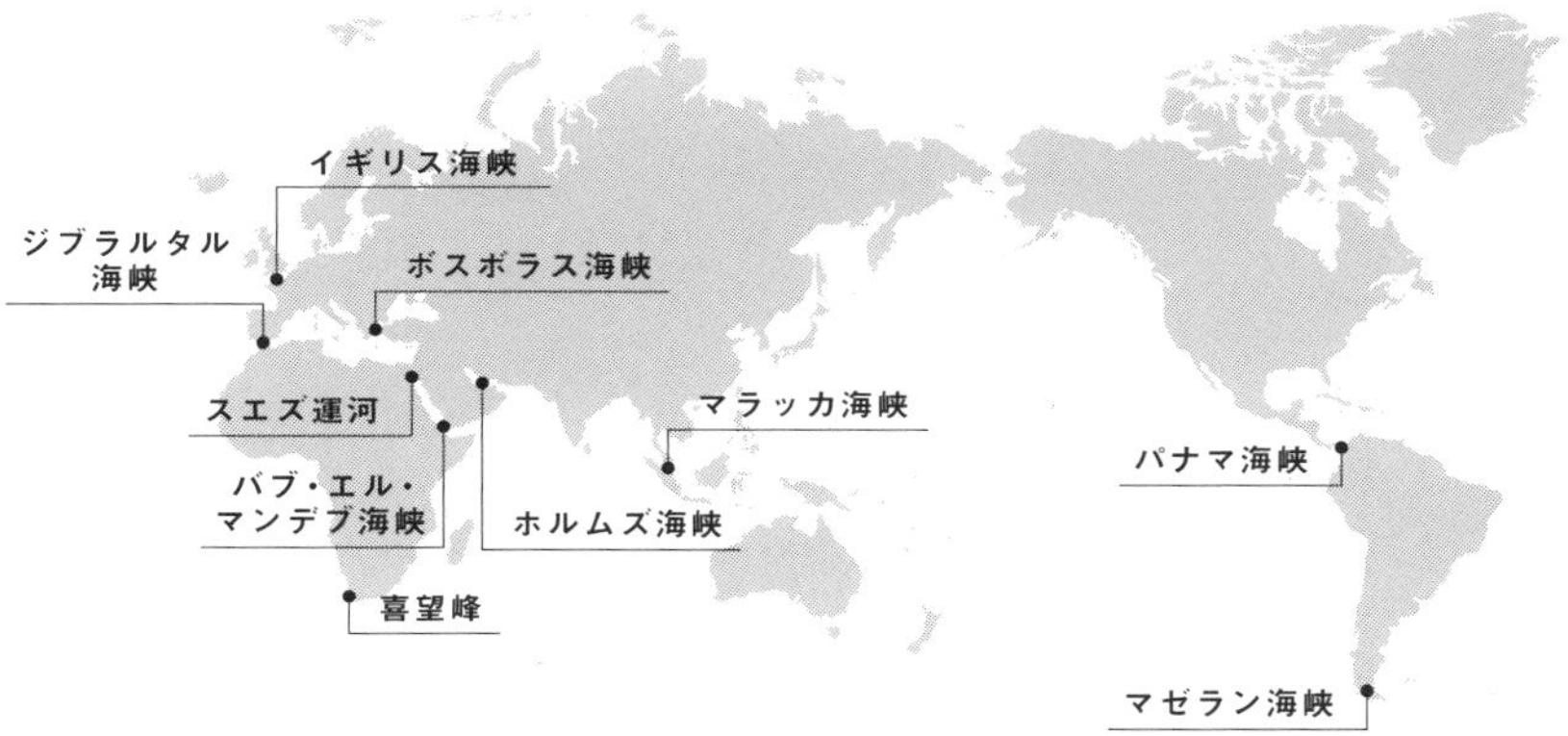

の物流が安定的にチョークポイントを通過できるからである。もし、日米がたもとを分かつようなことがあれば、アメリカのプロテクションがなくなった日本の商船は、海賊や悪意を持った他国の餌食となり、我が国は兵糧攻めにあうかもしれない。アメリカは世界中のチョークポイントに海軍を配置することにより、自国や同盟国の物流を守り、覇権国家としての影響力を確保しているのだ。

世界の貿易の8割はアメリカドルで行なわれているが、その背景には、アメリカが世界の海路を押さえているとの理由もあるのだ。これだけアメリカの中央銀行がドル紙幣を大量に印刷しても、ドルの価値が保たれる背景にはアメリカの軍事力がある。いざとなればドル支払いを世界に命じる力を持っているのだ。

「アメリカが世界の警察官をやめる」という議論

がオバマ政権以来言われているが、世界中の海に艦隊を配置し、世界80か国以上に800を超える海外基地を備える国は他にないのだ。こんな芸当はアメリカの覇権を奪おうとしている中国にはまだまだできない。アメリカ軍の世界展開力は今のところ圧倒的に世界一なのだ。

シーパワーは領土支配が苦手

海を使っての交易を得意とするのがシーパワー。交易のために金融も進歩する。交易や金融を使って他国を牛耳っていくのが得意な一方、領土の支配は苦手である。そもそも島国なので、他国の領土を支配するとなると、それは自然と飛び地となってしまう。飛び地の支配となると難易度と経費は増す。飛び地にあるような異なる文化や宗教の理解も困難である。過去のアメリカもイラクやアフガニスタンで失態を経験している。

第二次大戦で敗れた我が国も占領国がアメリカであったことは幸運であった。当初は領土にこだわるランドパワー・ロシアと領土支配が苦手なシーパワー・アメリカによる日本南北分割統治も検討されたという。もし北部日本がロシアに支配されていたらどうなっていただろうか？　想像するだけでも恐ろしい。

■アメリカ海軍はアメリカ企業の投資リターンを守り高めるためにある

「アメリカ海軍はアメリカ企業の投資リターンを守り高めるためにある」

前述したように、これはアメリカの海軍幹部から明確に聞かされた言葉である。「アメリカの経済エコシステムのど真ん中にいるのがアメリカ海軍である」と。

アメリカ海軍は世界中のアメリカ企業の経済活動を支え、アメリカの物流を守る。アメリカ海軍の情報が企業活動にも共有され、アメリカ企業の情報がアメリカ海軍にも入る。アメリカ海軍で鍛えられた人材が民間にも採用され、民間からアメリカ海軍に学びにも来る。アメリカ海軍の幹部がアメリカの高等教育機関やシンクタンクで教育や研究活動に従事する。アメリカの研究者がアメリカ海軍に叡智を与える。アメリカ海軍はアメリカのスタートアップエコシステムにも投資して技術革新を促進する。アメリカのスタートアップエコシステムで生まれた各種技術がアメリカ海軍で活用される。

アメリカの軍人は一般市民からもリスペクトされ、民間飛行機の搭乗は最優先される。スポーツ観戦にも招待されて、スクリーンに映し出され、大観衆が歓声を上げて歓迎する。学費の高いアメリカの大学で学ぶ奨学金も軍人には用意され、病気やケガの場合は、アメリカの高い医療費もカバーされる。年金も手厚い。

アメリカ海軍がアメリカの経済社会システムの中心にいるのだ。

■ シェール革命で変化した優先順位

先ほどのチョークポイントを通るものの一つに、中東からの石油がある。石油の確保は資源がない国にとっては切実な問題であり、世界経済を牛耳る米国も例外ではない。自国の資源確保という観点でも、世界のチョークポイントを押さえることは大きな意味を持つ。

アメリカはもちろん、ロシアなど各国が中東に関与してきたのには、石油確保という大きな目的があった。ロシアの側に立てば、単に資源だけでなく、ランドパワー国家として黒海に不凍港を求め、そこから地中海・アラビア海へとシーパワーとしても展開したい、との思惑もあっただろう。

アメリカが中東に固執していたのは、ロシアの中東地域への関与を封じ込めたい、との思いもあった。そのために中東でアメリカと同盟する親米国家を増やしていくとともに、カタール、クウェート、イラク、UAE、サウジアラビアなど8か国に軍事基地も置き、ロシアと共謀するイランを押さえつけてきた。

私がここで伝えたいのは、中東への石油依存という地政学の大きな根幹が、2014年を境に崩れていることだ。中東から石油を輸入することなく、自国で他のエネルギーを生産できる技術が開発されたからだ。シェールガスである。

シェールとは、日本語では「頁岩（けつがん）／シェール（Shale）」と呼ばれる泥が固まった岩石層であり、太古に死んだプランクトンや藻といった有機物がバクテリアにより分解されエネルギーになった物質、具体的にはオイルやガスである。

生成の成り立ちとしては石油と同じようなエネルギー源であり、アメリカは石油からシェールガスへのエネルギーシフトを進めている。その結果、これまでのように中東に依存する必要がなくなった。

アメリカにとっての世界三大重要地域（アジア、欧州、中東）の中で、中東の順位は下がり、ウクライナ情勢で欧州、台湾情勢でアジア、この2つの地域の重みが増しているだろう。

白熱する米中覇権争いの現状

歴史を振り返ると、アメリカはソ連というランドパワーの大国と対立する構図が、長きにわたり続いていた。いわゆる米ソ冷戦時代である。実際、アメリカとソ連はお互いに大量の核兵器を保有している。

それだけではない。各所で説明しているが、アジアや中東などの小国をある意味利用し、米ソの代理戦争を繰り返してきた。だが、シーパワーとして成長を続けるアメリカに対し、ソ連は崩壊し、冷戦構造は終結を迎えた。

2013年にオバマ大統領は「アメリカはもう、世界の警察官ではない」と公言した。アメリカが世界の警察から退くことになるきっかけは、冷戦構造終結にある。

「島国の地政学の基本」で説明した通り、世界で最も恵まれた大きな島国アメリカは、そもそもは内向きなのである。冷戦の脅威が去った時を迎えて、莫大な軍事コストを抑えて、リソースをより内政にシフトしようという考えであった。

ただ、何事も白黒では割り切れない。一方で、アメリカには、自分たちは覇権国家であり続けたい、との思いはある。それが「国益」であり、「名誉」であり、その地位を失う「恐怖」もある。

特に、アメリカの三大重要地域の中でも、最大の人口とGDPを持つアジアで、アメリカの覇権に挑戦する国が台頭していることはアメリカを悩ませている。世界最大の人口を持つ、歴史上で何度も世界最大の帝国を築いた、中国だ。

強大なランドパワーが陸の一帯一路のみならず、海の上にも一帯一路の地図を引き始めている。長らく世界二位の経済大国であった日本のGDPを3倍以上引き離し、世界第二位の経済大国になっている。コロナ禍で低迷するものの、その経済はアメリカを抜いて2030年初頭には世界最大となりそうである。ただ、習近平氏が中国式経済にこだわると2060年までGDPでアメリカに追い付けないという分析もあるが。

アメリカの最大の重要地域アジアで、アメリカをしのぐ覇権国家の台頭は何が何でも阻止したいとアメリカ海軍関係者は私に語った。ただ、一方で「世界最大の人口を持つ国の経済的台頭をいつまでも防ぐことはできない。現実は受け入れないといけない」とも語っていたが。

「トゥキュディデスの罠」という言葉がある。アメリカの政治学者グレアム・アリソン氏が論ずる仮説だ。古代アテナイの歴史家トゥキュディデスに由来している。同仮説によれば、「既存の覇権国家と台頭する次期覇権を狙う新興国家は衝突コースに入る」という。

実際には中国が覇権国家となるにしても、まだ相当の時間がかかると思うが、アメリカは対中国にリソースを集中し、軍事、金融、テクノロジーなどをあらゆる手段で阻止してくるだろう。それでも世界最高の投資家の一人、レイ・ダリオ氏は、いずれ中国がアメリカを抜いて覇権国家となると見ているのが興味深い。

2022年11月にインドネシアのバリ島でのG20に参加した。その時に聞いたアメリカからの参加者の話が印象的だった。

「中国共産党で起こっている政治闘争より、アメリカ政治の中での権力争いの方がはるかに醜い」

「もうアメリカ政治の分断は修復不能だ。党派によりアメリカ政治が割れていることはロシアや中国を利することがわかっているのに両党派とも大人になれない。間に立って関係修復できる人は双方にいない。ますます悪化する可能性が高いと思う」

「激しい権力争いをしても、中国は最後はまとまる。確かに独裁国家には〝裸の王様〟になってしまう可能性はある。しかし、分裂して決められないのと裸の王様とどちらがより悪いことなのだろうか？」

とても興味深い洞察であった。

国内の分断で帝国アメリカは凋落するのか？

そのレイ・ダリオ氏は覇権国家の凋落の理由として、「覇権国家の内政の混乱悪化→内戦化」を挙げている。最近の同氏は、アメリカの貧富の格差の拡大や政党同士の競争を超えた憎しみ合いの激化は、アメリカ国内における内戦の始まりだという論調をメディアに披露し始めている。私が親しいアメリカの議会関係者に聞いても「これまでは民主、共和の党派に分かれても、議員同士でテニスをしたり、子供のスポーツ観戦で和気あいあいとやっていた。しかし、今はそういう姿さえ見かけないくらいお互いが距離を取っている」という。

ミルケン会議などでは、お金持ちがさらにお金持ちになっている代表のような人に出会う。一方で、ミルケン会議の会場の外で、「資産家たちへの怒り」を爆発させるデモ隊などにも出会うようになってきた。今の資本主義の仕組みでは、元手がある人に情報や機会がさらに集まるようになっているので、貧富の格差は開いていく一方に思える。欧州や日本のような大きな政府による介入を喜ばない、自助の精神で集まってきた祖先によって作られた国家なので、アメリカで政府が介入して貧富の格差を是正するのは簡単ではないと思う。

帝国の凋落の始まりなのか？ 内戦ぼっ発のきっかけとなるのか？ アメリカの貧富の格

差や党派対立の激化から目が離せない。

日本に踏み絵を迫る一方で米中の懸け橋としての期待も

何事もオクシモロンである。相反する性質のことが同時に起こっているのが国際情勢の面白さである。国際関係には常に遠心力と引力が同時に働いている。アメリカは中国の台頭を抑えるために、同盟国にも踏み絵を踏ませ、連帯行動を要求している。アジアで中国にも一定の影響力を持つ国家、たとえば日本やシンガポールなどに「米中どちらにつくのかはっきりせよ」と迫ってきていた。

しかしながら、ここに来て、少しアメリカの態度に変化があるように思える。サンディエゴで会ったアメリカ海軍関係者や元国務省やホワイトハウスのスタッフだった研究者たちとの懇談で感じたことだ。

「日本に、途絶えがちな米中の重要コミュニケーションの補完役になってほしい」との感触だ。明確な物言いではないし、彼らは決してワシントンの最終意思決定者の代弁をしているわけではないが、様々な関係者の意見や主張によって出来上がるのがアメリカの外交政策。少なくとも一つの無視できない傾向であろう。

2022年は日中国交正常化50周年であった。コロナ禍で苦しむ日本は経済界中心に、最大の貿易相手国である中国との関係を改善したい意向もあった。しかし、対立が深刻化する米中関係に配慮するあまり、日本政府は財界の要請には応えられていない。もちろん、最悪の事態に対応するシナリオ（対中ビジネスの徹底）も必要だが、最悪の事態が起こらないように、アメリカに反感を持たれない範囲で日中のコミュニケーションを確保し、米中関係の補完的役割を果たすこともより重要になってくるだろう。ここは塩梅が非常に難しいところであるが、この日本の役割の重要性は増す可能性が高い。

台湾有事発生を防ぐ役割も日本は期待されている

サンディエゴで会った第7艦隊の前・司令官は台湾有事について、冗談半分だが、「自分はもうすでに引退していて良かった」と話していた。「米中で何か起これば、生き残るためには大気圏外に逃れるしかない」とも。

中国はすでに凋落コースに入ったロシアと違い、自暴自棄になるような国家発展段階ではない。台湾と事を起こさなくても、世界最大の経済大国になれるルートにある。だから余計なリスクは取りたくない。そして、習近平氏は政敵も多く作っているので、一度行動を起こしたら失敗は許されない。

つまり、100％勝てる確信がなければ行動は起こさない。今のところ、100％勝てる準備には程遠い。だから近い将来に中国が行動を起こすリスクは相当低いとみる。

しかし前述のとおり、最悪のシナリオへの準備は、「(最悪の事態がもたらす)インパクト×確率」が判断軸になる。確率は相当低いが、もし仮に台湾有事が起これば、ウクライナ戦争とはインパクトが違う。世界一位、二位、三位の経済を巻き込む戦いだからだ。その意味では、やはり危機は増していると想定したほうがいいだろう。また、もしアメリカや日本や台湾が準備を怠れば、将来、中国が100％勝てる確信を持つ時が来るかもしれない。そして、米中の対立が増し、双方のコミュニケーションが悪くなることも対立のリスクを高めている。米中ともに衝突したくないと思っているのに、台湾やアメリカや中国が双方の出方をミスカリキュレーション(計算違い)して事態が発生してしまう可能性もある。そのために、日中関係を改善させて、米中、中台のミスカリキュレーションが起きないように情報ややり取りの補完をすることが大事になってくる。サンディエゴで会ったアメリカ軍関係者やアメリカ政府関係者から感じたのはこの「日中関係改善を進めるという、アメリカの態度の変化」だ。最近までの「アメリカにつくか？　中国につくか？　はっきりさせよ」という対応とは変わってきたと感じた。

もし台湾有事が起これればウクライナ戦争など比にならないくらい、日本へのインパクトは大きい。第二次大戦の時とは兵器の威力も違う。経済への影響は計り知れず、日経平均が100円、1ドルが数千円になるなんてこともあり得る。台湾海峡、バシー海峡そして太平洋が通行できなくなれば、エネルギーや食糧も絶たれ兵糧攻めにあう。世界のエネルギーや金融も大混乱を起こすだろう。確率が相当低くても、インパクトは史上最大だ。「大気圏外に逃れるしかない」というジョークもジョークに聞こえなかった。

アフガニスタンでの過ちは「日本占領」が原点？

■ シーパワーは飛び地を治められない

ベトナム、イラクそしてアフガニスタンと続く現代アメリカの「民主国家建設」チャレンジ。失敗から学ばないという手厳しい批判もあるが、その理由は過去の巨大な栄光にある。それは太平洋戦争後の「大日本帝国→日本国」のトランスフォーメーションである。ここで、本来は、孤立が好きで他国干渉が苦手だったアメリカが他国干渉に味をしめたきらいがある。

敗戦後、日本が中国や東南アジアでやったような残虐行為をアメリカによってやられると恐れた日本人。連合国軍のトップであったダグラス・マッカーサー最高司令官は「自由と民主主義を知らなかった日本人に罪はない。政府や軍に逆らう術を持たなかっただけだ」と宣言し、マッカーサー氏には日本国中から50万通のファンレターが届いたという。この発言にはアメリカの理想論と順調な占領政策を目指す巧みな世論操作が入り混じっていたと思うが、敗戦を恐れ疲弊していた当時の日本人にはとにかく受けた。

アメリカは「天皇という神に従うこと」から脱却させる憲法を日本政府と連携して草案した。女性に参政権を与え、軍を解体し、農地を解放し、財閥を解体し、国民主権をもたらした。その後、見事に日本は民主国家として再生し、欧州各国を抜いて世界第二位の経済大国として躍進し、アジアにおけるアメリカの重要なパートナーとなる。マッカーサー氏が、朝鮮戦争で失脚して日本を去ることになると、「20万人の日本人」が羽田空港に見送りに来たという。占領軍のトップを敗戦国の民衆がここまでぞっこんに愛した例は世界でも稀だ。ここでアメリカは「自由と民主主義の伝道師としての味をしめた」。そしてベトナム、イラク、そしてアフガンで旧体制を破壊し、民主国家造りを試すようになった。

■シーパワー同士は統治できる？

しかし、それらの国々は戦前の日本とは前提が違った。戦前の日本はすでに民主主義の素地があり、識字率も高く教育も普及し、均質性の高い民族構成で、経済的にも世界有数の大国であった。

しかし、今回のアフガニスタンからのアメリカの学びは強烈だ。アメリカの意思が「戦う意思ある軍隊を持たない国家を救うのは懲りた」となった可能性がある。「アメリカはアジアにまだ関与するよ」と2022年にカマラ・ハリス副大統領がわざわざシンガポールに来て語りかけたが、東南アジアでこれを額面通りに受け取る識者はいない。

「尖閣は日米安保条約の対象」との解釈を米政権がしてくれるたびに胸をなでおろす日本政府。これだけでいいわけがない。日本の占領統治成功が植え付けたアメリカの他国干渉の始まりが、自ら戦う意思を見せない日本がらみで終わるかもしれない。日本の隣の超大国は、今回のアフガニスタンをめぐるアメリカの混迷を注視している。台湾や尖閣で有事を起こすコストが下がったとのサインになっているかもしれない。まったく他人事ではない。

日本の地政学

ランドパワーとして国家統一、そしてシーパワーへ

日本はそれなりに大きな国だ。アメリカや中国やロシアに囲まれているので、日本は小さくて狭いと自虐的になりがちだ。しかし、G7で人口は2番目。面積も真ん中の4番目で、ドイツやイタリアやイギリスより大きい。

気候が温暖で川や森も多く、水も豊富にある日本。山が多い地形なので雨も多い。巨大な太平洋と日本海の急流に守られて近隣の大国からの侵入は許さなかった。天然の要塞に守られてきたのだ。命懸けの航海を通じて隋や唐などの歴代中国王朝から様々な技術や統治制度

を学んできた。

ユーラシア大陸のステップ気候帯にいる強力な攻撃力と機動力を持つ騎馬民族に襲われることもなかったので、中央集権的な統一国家を建設して隅々まで守りに備える必要もなかった。モンゴル帝国による元寇やロシアによる露寇という侵略行為も島国という地の利で乗り越えてきた。

台風や地震や火山の噴火などの災害も多い列島だが、島なので容易にそれらから逃れられない。災害に耐えながら祖先は命をつないできた。忍耐強く自然から学び続ける勤勉な民族性を持っているといえよう。稲から野菜まで大陸や世界各地から渡ってきた品種を改良させながら食糧生産をしてきた。後述するが、災害を乗り越えてきた防災技術や食糧生産技術は、これからの日本の最大の資産になるだろう。

西欧と同じく封建制度が生まれ、２６０年を超える分権的な幕藩体制が続き、各藩による独自の競争政策で商業や工業や教育や財政が各地で培われてきた。これがやがて日本発展の素地となる。

日本列島に住むほとんどの人が同じ日本国民として共通の意識を持つのは明治になってからのことで、それまで日本列島の中で様々な勢力が分断統治してきた。封建制が定着し、各地に余剰生産能力を持つ資本家候補がすでにいて、貨幣経済や市場経済は統一国家誕生の前に日本に根付いていた。彼らが文明開化以降の日本の経済発展を支えた。

幕藩体制末期に黒船襲来をはじめとする欧米列強の脅威が日本の統一国家化を加速させた。明治維新は中央集権的な統一国家誕生の号令であった。明治初期に世界中から科学や技術を導入し、産業化、食糧生産向上と医療体制整備に成功し、明治時代だけで一気に1000万人以上人口を増やしていった。

日本は明治維新後に小国から急速に列強の仲間入りをしたような印象を持っている人が多いかもしれないが、江戸時代末期ですでに世界第7位の人口と世界第8位のGDPを誇っていた。江戸時代後期から世界の中では結構大きな国だったのだ。

ランドパワーからシーパワー、そしてシーパワーからランドパワーになろうとして挫折

■なぜ日清、日露に勝てたのか？

シーパワーとなった日本が起こした最初の戦争、中国との日清戦争（1894年〜）で日本は勝利を収めた。古来日本が師として仰いできた中国の帝国を初めて撃破したのだ。なぜ日

本が超大国・清に勝てたのか？ 戦争開始時の兵力格差は、陸軍で日本24万人に対して清軍は98万人。約4倍の格差だ。海軍でも日本海軍は、軍艦28隻（5万7631トン）、水雷艇24隻（1475トン）で、総トン数は5万9106トン。清国海軍は、軍艦82隻と水雷艇25隻から成り、総トン数は8万5000トン。隻数とトン数においても、日本海軍をはるかに上回っていた。

なぜこの兵力差で日本軍が清軍に勝てたのか？ 日本が勝てた理由は、両国の軍の成り立ちの違いから来る兵士の練度の差に起因している。当時の日本の軍隊は徴兵制を採用し、つまり「自国民が自国を守るために戦う」という出来立ての国民国家の熱く強い意識を持った国民軍隊として確立していた。

清国の軍隊は、李鴻章や丁汝昌ら有力軍閥が、お金で雇った傭兵であった。国民国家の成員として自国のために戦う軍隊ではなく、お金で集められた連中であった。彼らの訓練は徹底されておらず、海軍でも陸軍でも、少しでも形成不利となれば一目散に皆が逃げたという。一方日本は若い兵士を訓練し、一定以上の練度を持つ兵力として陸上と海上に展開していった。結果、日本は連戦連勝という形で清を撃破する。

ただ、日本軍は日清戦争とその後の日中戦争で誤った考えを持つようになってしまった。中国の軍隊は突撃すれば驚いて逃げる傾向が強かったので、「外国人の軍隊に対しては突撃すれば突破できる」という誤った確信を持ってしまったのである。これが太平洋戦争で大きな犠牲を出すことにつながる。アメリカ兵に対しても「個人主義的で集団行動が苦手で勇敢でない」という情報を鵜呑みにして、むやみな突撃を繰り返し、結果、日本と同じく徴兵制で国家のために動員訓練されたアメリカ軍に負け、多大な犠牲を出してしまう。間違った自信をつけさせる成功体験ほど後に恐ろしいものはない。

清を撃破した日本の前に立ちはだかったのがロシアである。日清戦争後に日本が清と結んだ下関条約に対抗し、ロシアはドイツ、フランスとともに三国干渉を組んだ。下関条約に難癖をつけ、遼東半島を清に返還させ、清を脅し旅順と大連を支配した。

日露戦争で日本の勝利を決定づけたのは日英同盟である。これは地政学の「一位と三位が連携して二位をつぶす戦略」にあたる。当時アジアでの権益をめぐってロシアの極東進出を危惧していた英国はそれを打破する目的で日本と接近。イギリスは、高橋是清氏が奮闘した日本の戦費調達、バルチック艦隊に関する情報提供とその日本海遠征への妨害を通じて日本を支援。日本軍の奮闘と日英同盟に加えて、第一次ロシア革命発生によるロシア国内の混乱も日本を有利にした。早期講和を目的に、アメリカに当時のセオドア・ルーズベルト大統領の大学同窓の金子堅太郎氏を派遣して働きかけており、日露戦争に勝利。

日本は統一国家となって以来、清とロシアという超大国に連戦連勝した。その後第一次世界大戦にも連合国側として参戦し、戦勝国となり、敗戦国のドイツから赤道以北の南洋諸島と青島を奪取した。

その後、日本は中国に進出し、満州国を建設する。しかし、島国シーパワーとして難易度の高い飛び地支配に苦戦し、ランドパワー中国との日中戦争でも泥沼に入る。そしてアジアにおける覇権を狙う米国と大国中国（これもある意味一位三位連合と言える）によって最悪の二正面（対米、対中国・東南アジア）作戦に引きずり込まれ、敗れ去る。

戦後の日本が高度成長できたワケ

「アメリカの地政学」のところでも述べたが、結果論としては、日本は敗戦後、米ロによる南北分断統治ではなく、領土支配に関心の薄いシーパワー・アメリカによって占領されたことがラッキーであった。アメリカは日本の牙を抜くために日本を非武装化したが、これは防衛費を抑えて、経済再建にまい進できるという意味で、日本にとってはさらなる幸運であった。

アメリカにとっては憎き敵国日本であったが、さらに強大な敵である共産主義国ソ連の登場で、日本を共産主義への防波堤とすべく、日本経済再建と日本防衛にアメリカは尽力。財閥解体、土地改革、米軍基地建設、自衛隊創設、朝鮮戦争特需発注などで日本は灰の中から不死鳥のごとく蘇り、戦後世界9位まで落ち込んだ日本のGDPは1984年には世界第二位まで躍進した。

特に土地改革と財閥解体は日本経済の起爆剤となった。誰もがフェアな競争条件を確保され、起業家精神が爆発した。ソニー、ホンダ、パナソニックなどの戦後日本経済をけん引する新興企業がこの時たくさん生まれた。輸入代替から輸出促進へ産業を高度化させ、世界第二位まで経済が躍進した。日本はシーパワー・アメリカの占領下に入ったことと敗戦直後の共産主義の台頭と冷戦ぼっ発という好条件で短期間に経済的に戦前以上の飛躍を果たすことになる。

しかしその後は、アメリカの覇権をアジアで脅かす存在とみなされ、日米構造協議やプラザ合意などで徹底的に頭を押さえられ、バブル崩壊で日本は経済的に低迷期へ入る。

その後は、改革開放で人類史上最長の高度成長と最大規模の貧困脱出を実現した中国が台頭。経済成長を実現させた中国は、軍事的にも台頭。太平洋進出をうかがうようになる。バブル崩壊後の長期停滞に苦しむ日本と、冷戦崩壊後のロシアへの警戒を解いたアメリカは、アジアにおける次期覇権国家候補として中国に照準を合わせる。中国の太平洋進出を阻止する防波堤として日本を活用し始める。

沖縄に世界最大の米軍基地がある経済的理由

世界の警察と呼ばれるアメリカは、日本に限らず世界各地に800以上の基地を構えている。中でも沖縄の基地は世界最大級で、沖縄本島の約15％を占める広さである。

なぜ、ここまで大きな基地を、沖縄に置いているのか。地政学的に捉えると、日米双方にメリットがあるからだ。

日本にとっての最大のメリットは、先ほどもお伝えしたように、日本の物流のチョークポイント、ホルムズ海峡、マラッカ海峡、台湾海峡というシーレーンを米軍によって保護してもらうことだ。もし米軍によるプロテクションがなければ、日本の商船やタンカーが常に安全に定時に中東やアジアから到着することは容易ではない。日本で1日に消費する石油量は約400万バレルと言われ、30万トン級のタンカーが12時間に一度は日本を訪れる計算になる。

逆の言い方をすると、12時間に一度の輸入が途絶えると日本社会や経済は混乱に陥ることになる。仮にこれを日本が海上自衛隊の手で守ろうとしたら莫大なコストがかかるだろう。特にホルムズ海峡周辺には重要な関所であることを逆手に取り、タンカーを襲撃する海賊が

図表7　1万km内に主要都市が入る

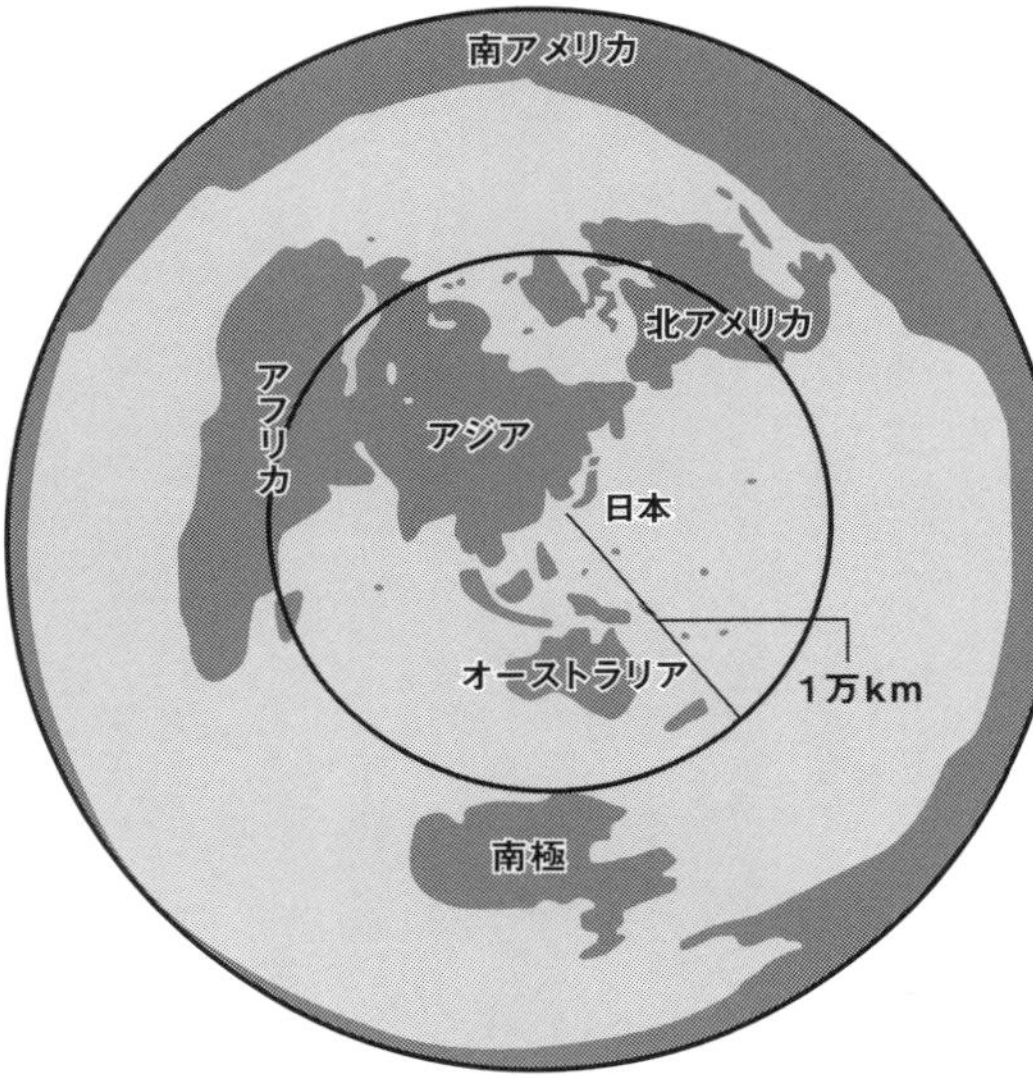

頻繁に出現する。実際、2019年には日本の石油タンカーが攻撃を受けた。そこで世界中に基地を持ち、軍艦を配備しているアメリカが守ってくれているのである。

アメリカ側のメリットは沖縄のロケーションだ。もし射程1万キロメートルのミサイルを沖縄に配置した場合、北朝鮮や中国はもちろん、その他アジア全域、中東やヨーロッパ、ロシアに至っては東側だけでなくモスクワまで、アフリカ、オーストラリアまで射程圏内に入る。これだけ等距離で世界中の都市を射程に入れられるロケーションは他にはないのだ。

米軍から見て、沖縄のインフラは世界一だ。道路、上下水道、治安、気候、電力、兵器の修理やメンテナンス技術、食事、買い物、ビーチ、娯楽などを含めれば、世界中の米軍基地の中で最も総合的インフラが整っている場所は沖縄をおいて他にない。兵士の間の口コミでも断トツの人気だ。

日本の社会インフラや技術力や治安の良さは実は米軍が他の地域では得難いものだ。沖縄ほど気候も素晴らしく家族で治安よく暮らせる場所はない。ドイツにあるヨーロッパ最大のアメリカ軍基地ラムシュタイン基地のおよそ倍の規模を誇り、兵士とその家族を含めると関係者は10万人近くになるとされる。

沖縄以外にも本土、神奈川県横須賀にも、アメリカ海軍に欠かせない基地がある。アメリカの7つある艦隊のうち最大規模とも称される第7艦隊が拠点を置いている横須賀基地だ。こちらも第7艦隊の規模や装備のメンテナンス・修理に見合った施設が整っている。沖縄でも横須賀でも、日本のインフラや技術力や人材の質の高さが、アメリカ軍を支えているのだ。

横須賀に拠点を構える理由も、ロケーションが大きい。横須賀に第7艦隊を置くことで西太平洋からインド洋まで、世界の海の約半分を監視することができるからだ。

横須賀基地は世界最大級・最高レベルの艦船の修理設備を誇る。船舶は定期的に長期間メンテナンスする必要があるが、第7艦隊の展開場所を考慮に入れると、横須賀を母港とすることが定期点検に経済的にも時間的にも最適なのだ。

つまり沖縄だけでなく横須賀も含め、日本にある米軍基地は、米軍にとっても、日本の経済安全保障・地域経済においても不可欠の存在であるとも言えるのだ。

経済面においては石油だけでない。10万人の関係者が暮らしているわけだから、経済規模は計りしれない。基地や関連施設で働いている日本人も多い。もしアメリカ軍が沖縄から撤退したら、沖縄経済は少なくない打撃を受けるだろう。

中国が「尖閣諸島」にこだわるワケ

尖閣諸島問題の本質は、中国と日本列島が入った地図をひっくり返してみるとはっきり見えてくる。通常の地図だけ見ていると、あちら（中国）の事情がわからない。ひっくり返してみるとそれが明快にわかるので興味深い。

南北に長大な日本列島は、中国本土から見て、中国の海洋進出を見事にブロックする海上の万里の長城なのだ。まさに天然の万里の長城なのだ。海を隔てるもう一つの超大国アメリカから見ると日本は中国の太平洋進出を抑えるちょうどいい防波堤なのだ。

その天然の万里の長城が途切れてぽっかり開いた場所が尖閣諸島なのだ。

図表８　中国と日本の位置関係を逆さから見た地図

尖閣諸島とは、魚釣島、北小島、南小島、久場島、大正島、沖ノ北岩、沖ノ南岩、飛瀬などの島から構成されており、沖縄県石垣市に属する。日本固有の領土であることは歴史的に見ても、国際法上の観点からも明らかではある。しかし、同地域を掌握したい中国が１９７０年代頃から領有権を主張し、近年は特に活発に船舶を航行させるなどの動きを見せている。ランドパワーとしてシーパワーとの二刀流を目指す中国としては、尖閣諸島は大平洋へ進出する出口として確保したい場所なのだ。

　中国としては深い海を確保する狙いもある。意外に知られていないが、核兵器を抑止力とするには保有するだけでは十分ではない。核兵器が抑止力となるのは、相互確証破壊、つまりお互いが「こっちが攻撃したら間違いなく自分もやられる」と確信する場合だけだ。自分が先制攻撃すれば相手をせん滅できるとの自信を持たせてしまうと抑止力とはならないのだ。

そのためには何が必要か？　核兵器の所在地をわからなくすることだ。いくら大量に核兵器を所有していてもその所在地がわかれば、先制攻撃で無力化されてしまう。現在は衛星情報などを駆使して地上の核兵器の所在地はすでに明らかにされている。では、どこに隠せばいいのか？

それは深い海の中だ。深い海の中で移動させ続ければ核兵器の所在地はわからない。そう、長時間深海で活動できる原子力潜水艦の中に保有するのだ。

しかし、原子力潜水艦を開発して保有できるだけでは十分ではない。自分の領海内に深い海を持っていないと原子力潜水艦を隠せないのだ。残念ながら中国の領海、主に黄海は深度が浅い。深くて100メートルを超えるくらいで、これでは現在の索敵技術で容易に発見されてしまう。深度1000メートル級の深い海でしか原子力潜水艦を有効に隠すことはできない。

アメリカは世界の深海に多数の原子力潜水艦を隠し持って核攻撃能力を移動させ続けている。ロシアも深いオホーツク海を持っている。中国だけが深い海を持っていない。深い海である南シナ海は喉から手が出るほど欲しいのだ。

なぜ、中国は尖閣諸島が欲しいのか。最大の理由の一つは台湾にある。尖閣諸島は、台湾・台北から約170キロメートルに位置し、「尖閣諸島―石垣島」間とほぼ同じ距離である。台湾有事に備えるため、台湾の東側の海域を押さえたいからであろう。

台湾は日本やアメリカと同じ島国であり、かつ、崖が多く上陸するのが容易ではない。そのため台湾に侵攻する場合、中国は、西側からの攻撃だけでなく、東側でアメリカ海軍や海上自衛隊を迎え撃って抑え込み、東西南北から挟み撃ちにしたいとの思惑がある。軍事戦略において挟み撃ち、三方・四方からの攻撃は必勝の形だ。

日本政府も中国の作戦に対応すべく、自衛隊の駐屯地を与那国島に2016年に、宮古島には2019年に、石垣島にも本書を執筆している2022年現在、建設中である。

尖閣諸島問題に重ねよう。中国が今のように体力がない頃、沖縄にあるアメリカ軍基地が圧倒的な軍事力で、中国の前に立ちはだかっていた。シーパワーである日本やアメリカにとってはあくまで防衛の感覚ではあるが、ランドパワー中国の感覚は異なる。先の逆さまにした地図を見ていただければおわかりだろう。日米によって完全に蓋をされている感覚なのだ。

日本の地政学の箇所なので、改めて日本人の立場になって考えてみよう。日本は深い海に囲まれているため、侵略されづらいだけでなく潜水艦などを配備するのに適した立地といえる。軍事戦略では重要な考え方であり、海の領域は水平方向の面積だけでなく、深度、垂直方向の深さと掛け合わせること、つまり体積が重要になってくる。

面積×深さの海洋体積という観点から日本を捉えれば、陸の面積は小さいが、かなりの領土を有しており、そのような深い海、海の領土を欲しがる中国から見れば羨望の的であり、邪魔なのである。

■台湾より先に韓国を心配せよ

東アジアの地政学リストとしては台湾有事が最優先といわれる。しかし、もう一つ日本にとって危惧される場所が近くにある。韓国である。

象徴的な出来事が2022年夏にあった。ナンシー・ペロシ米下院議長(当時)が台湾訪問の際に韓国に立ち寄った時のことだ。東アジアにおいて、日本と並んで、アメリカの重要な同盟国である韓国の尹錫悦(ユン・ソンニョル)大統領が、休暇中であることを理由にペロシ議長との面会を断ったのだ。そのあとの日本訪問時には岸田総理はもちろんペロシ議長と面会した。

中国と陸続きの半島国家、韓国が中国から受けているプレッシャーは我々島国の日本人には想像できないかもしれない。半島とは大陸に直結しており、背後は海なのだ。文字通り背水の陣で中国という超大国と向き合っているのだ。間に北朝鮮という国を挟んでだ。

先述した黄海という浅い海を挟んで、北京や大連という中国の大都市と向き合っているのが韓国なのだ。影響力でいえば、北朝鮮も中国の影響下にあるといえるので、中国と隔てるものなく向き合っている背水の陣の半島国家が韓国なのだ。

日本海の急流に守られた我が国とは運命が違う。中国が正式に朝鮮を独立国として認めたのは、19世紀末の日清戦争敗北後のことであり、それまで長年にわたり歴代中国王朝による侵略を受け続けた歴史がある。

また、韓国における中国の経済的な影響力も日本とは比較にならない。中国は韓国の最大の貿易相手国だが、今までは「中国は韓国のお得意様」という形で、韓国が対中貿易で稼いでいた。ところが、中国と韓国の経済関係が転機を迎えている。2022年8月25日付け日経新聞では、「韓国側の統計によると、輸出主導型の韓国経済の『お得意様』だった中国に対して28年ぶりに貿易赤字となり、韓国では対中依存からの『逆流現象』として驚きが広がる。一方、中国企業は韓国企業の買収攻勢を強めており、米中対立の先鋭化を受けて韓国を米国市場攻略の足場とする戦略が動き始めた」という。韓国経済を中国経済が支配し始めていると言っていいのかもしれない。

日清・日露戦争は朝鮮半島をめぐってのものであった。朝鮮半島を押さえたものが東アジアを支配するといわれているからだ。もし朝鮮半島が中国の支配下に入ってしまえば、台湾有事への影響もその可能性も大きく変わってくる。ひょっとすると陸続きの韓国の方が、天然の要塞とも言える台湾より先に、我が国にとって地政学リスクが高まるかもしれない。

「北方領土」が絶対に返還されないワケ

北海道の北東に位置する、択捉島、国後島、色丹島、歯舞群島からなる、いわゆる北方領土。住民として、近代以前までは主にアイヌなどの先住民が居住していた。1855年（安政2年）から1945年（昭和20年）までは日本国民が住み、1945年には約1万7300人が居住していた。それ以降は主にロシア国民が住み、現在は約1万8000人が居住している。

第二次世界大戦で日本が敗戦したのをきっかけに、終戦の年、1945年の8月末から1週間ほどで、ソ連が一気に上陸し占領する。翌年には北方四島を自国と宣言し、当時1万7000人ほどいた日本人を強制的に退去させた。ソ連の人たちは一人も暮らしていなかったのに、である。以降80年近くにわたりロシアの実効支配、というより不法占拠が続いている。

図表9 北方領土

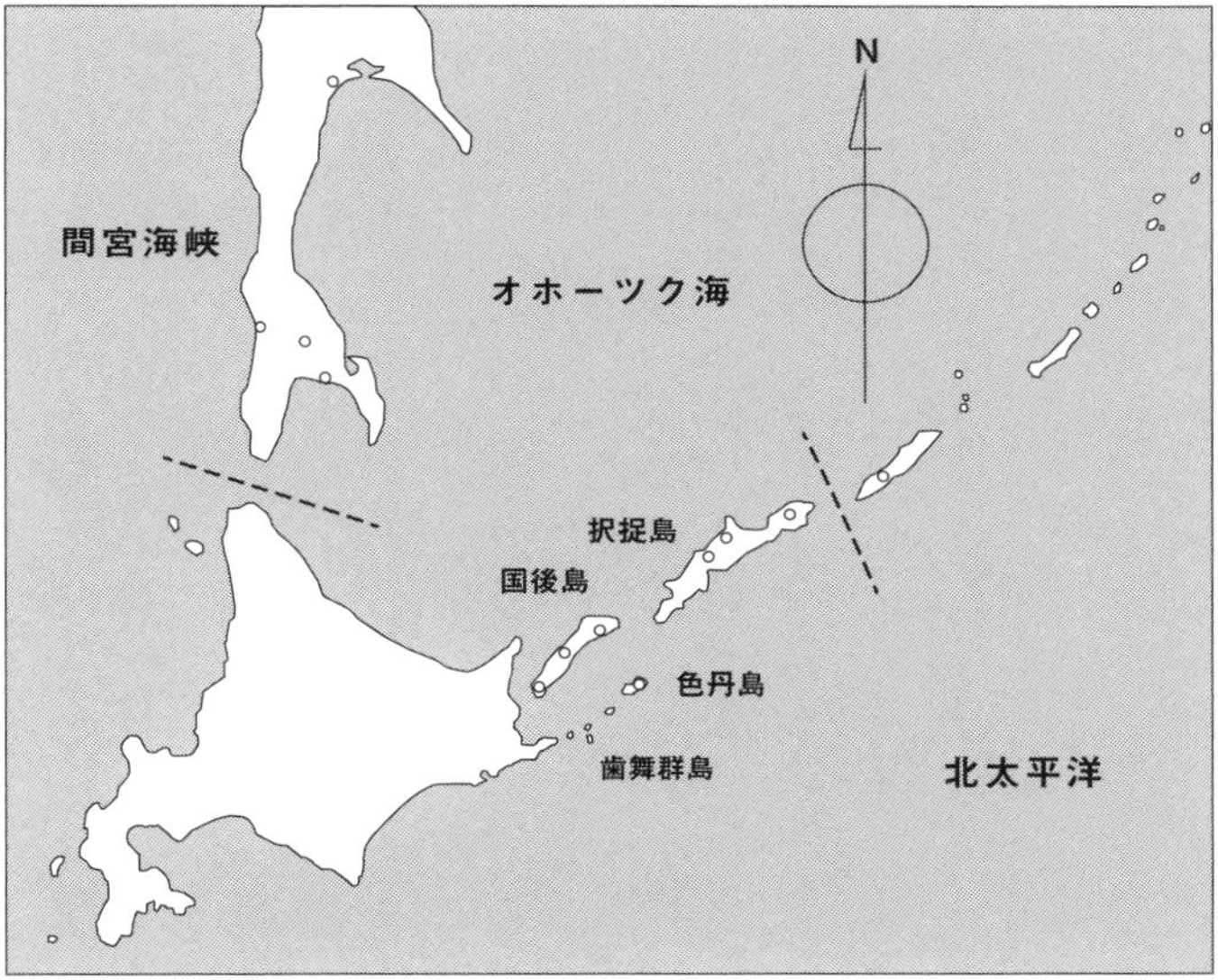

ランドパワーらしい領土への執着である。

地政学の本質、すなわちプーチンの立場で考えれば、ロシアが北方領土を日本に返還することはまずないだろう。理由はいくつかあるが、一番大きいのは日本との関係よりも日本の背後にいるアメリカの存在だ。

北方四島を日本に返還してしまえば、アメリカがそこにロシアをけん制する最前線基地をつくる可能性がある。それはロシアにとっては最大の脅威となる。仮に、日本が基地をつくらないとの約束で返還に応じたところで、そんな約束をロシアが信じるわけはないだろう。

プーチンは元ＫＧＢであり地政学はもちろん学んでいるし、人心掌握術や交渉術についても高度なトレーニングを受け、実戦経験も豊富だ。あたかもロシアが北方四島を返すかのような素振りを見せ、日本の経済援助を限界まで引き出しながら、何度も日本のトップ、特に安倍元首相とは交渉を重ねてきた。

メディアや国民はその度に今回こそ北方領土が、一部だけでも返ってくるのではと期待した。以前暮らしていた島民の方たちもそうだったかもしれない。

だが、自分がプーチンの立場ならどうだろうか。日本人としての感情や価値判断は脇に置いて、プーチン氏の立場に立つのが地政学だ。彼は国を背負っている立場だ。国益も名誉も恐怖も意識しながらだ。領土に固執するランドパワーのトップが本当に領土を敗戦以外で返すなど決断できるわけがない。逆に北方四島をうまく交渉材料に使い、日本の経済援助をできる限り引き出すべく、日本との外交をしたたかに進めてきたのだ。

もう一つプーチンが北方領土を重視する理由がある。後の「ロシアの地政学」「気候変動の地政学」でも触れるが、世界の海上輸送を激変させる「北極海ルート」の存在だ。気候変動の影響により、北極海沿岸の氷が溶け、以前は航行できなかった北極海ルートが夏の間だけ通行できるようになってきた。今後の気候変動の影響で年間通行できるようになるといわれる。そうなると、この北極海ルートでは、欧州からアジア・北米に行くのに今の南回りより4割近く距離が短くなる。しかも天然のコールドチェーンなので薬品や食糧を運ぶには最適だ。

この「北極海ルート」については、「ロシアの地政学」でより詳しく紹介する。この「北極海ルート」が出来上がった時に、北方領土はその重要拠点になるのである。

地球儀やグーグルアースを見てもらうとわかるが、ロシアの北部はほぼすべて、北極海と面している。これまでは極寒の地で、地政学的なアプローチでは国が発展するエリアではなかったが、北極海のルートが生まれると話が変わってくる。今後は北極海沿岸が栄えてくるだろう。これまでは海洋ルートの重要拠点の多くをアメリカが握っていたが、北極海ルートが年間航行可能となると話は複雑になってくる。ロシアにとって世界の新たなチョークポイントを支配できる可能性があるのだ。その重要拠点として北方領土を手放せるわけがないのだ。

韓国が「竹島」を狙うワケ

一方で竹島問題は国同士のせめぎ合い、軍事的な戦略とは多少異なる。本質的には韓国の漁業関係者が竹島周辺で漁業をしたい、漁業権を得たいのが理由だからだ。

1952年のサンフランシスコ講和条約の発効によってマッカーサー・ラインが無効化さ

図表10　竹島の位置関係

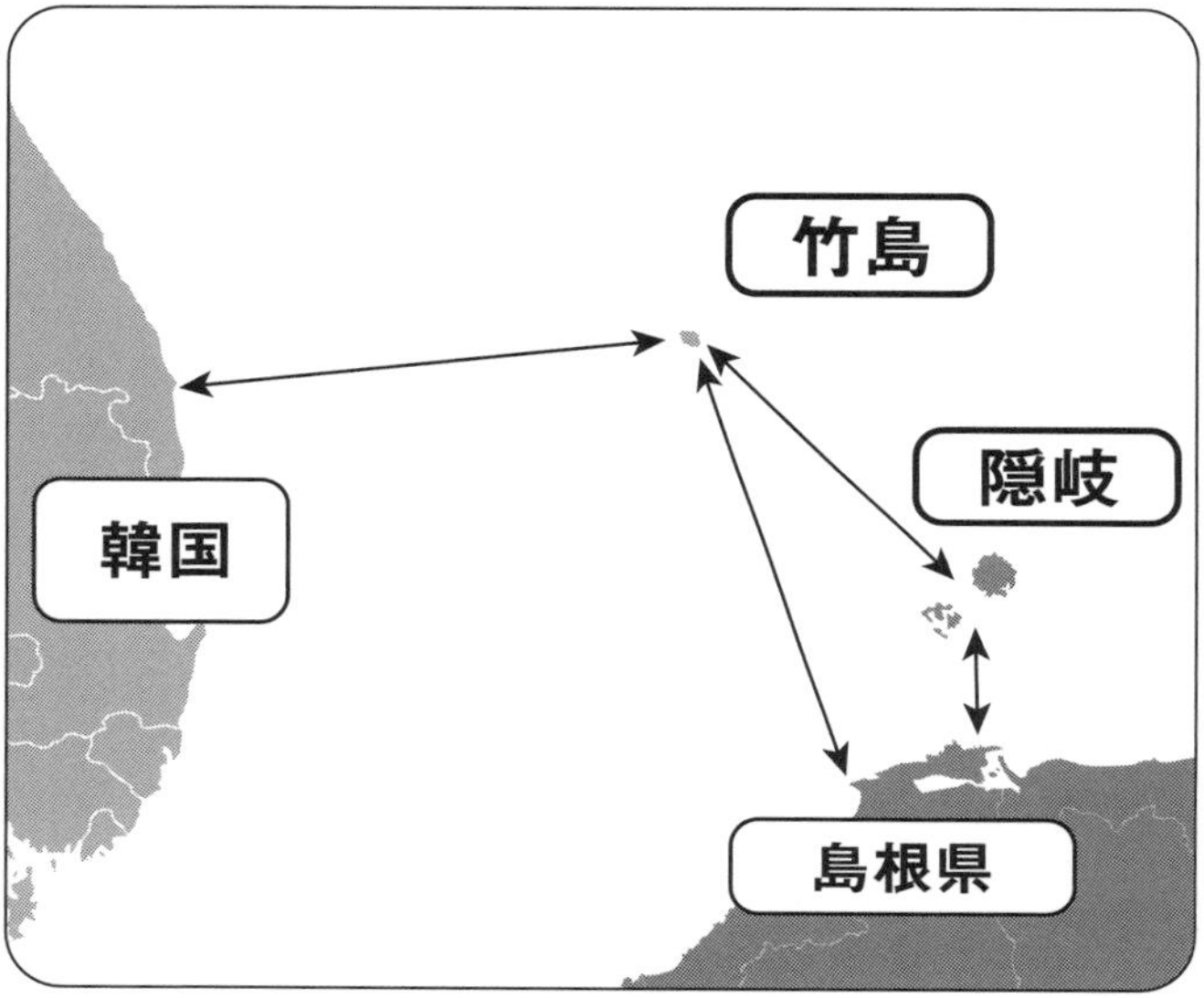

れることを見越した韓国の李承晩大統領は、李承晩ラインを設定し、竹島を韓国領として韓国側水域に含めた。その後、1965年に締結された日韓基本条約で李承晩ラインは廃止される。しかしながら、現在に至るまで韓国は竹島の実効支配を継続している。

日本側は毎年韓国に「不法な支配である」との口上書を提出し、また国際司法裁判所での司法解決の提案をしているが、韓国側はこれを拒否している。

ここで、先に紹介した地政学の理論「一位三位連合が二位をつぶす」の観点から見ると、別の視点からニュースを見ることができる。

いま東アジアで一位の勢力を誇ってい

るのは中国だ。二位は日本、三位が韓国である。特に先述したように中国大陸と陸続きの半島国家韓国は、我々島国日本には想像できないほどのプレッシャーを受けている。

これまでもお伝えしているように、中国は太平洋進出のためにも、深海獲得のためにも、近海を押さえたいとの強い願望がある。だが、日本にはアメリカが背後にいるし、日本自体もそれなりの国力を持っている。

そこで、アジア三位の韓国を巻き込んで（ただし、中国は関与していないように見せて）、二位の日本を領土争いに巻き込もうとしている可能性はある。韓国も中国と日本の領土争いに乗じて何か日本から得ようと考えている可能性はある。

ウクライナ戦争を経て、世界各国では過去に遡っても、歴史解釈は置いておいて、大国に侵略を受けた国に同情する機運が高まっている。日本が正攻法で訴えても、各国は過去の支配を理由に韓国に同情し、日本は今までより国際世論での勝負は分が悪いかもしれない。それを韓国・中国連合は織り込み済みかもしれない。過去の事実より、現在の同盟関係を重視するアメリカも「日本よ大人になれ」と中国に引き付けられかねない韓国寄りの調停をしてくるかもしれない。

竹島問題は表面上は漁場の取り合いではあるが、本質を見ると、日本と韓国の関係性を悪化させると同時に、周辺海域を取り込みたい中国が関与していることも考えられる。

円安が起きているワケ

円安の勢いが止まらない。本書の原稿を書いている2022年の秋現在でも下がり続け、2022年10月中旬時点では32年ぶりとなる、1ドル151円台にまで達した。

為替の変動が起きる主な原因は、金利だ。世界中がインフレ退治のために金利を上げ続ける中、日本銀行だけがその動きに逆行し続けている。大胆な金融政策で円安を作り出し、株価を引き上げ、輸出企業を振興したアベノミクスの旗振り役だった黒田総裁には方向転換は難しいだろう。また、コロナ禍を脱するのが遅れて、経済が低迷する中で、金利を上げる選択もしにくい。コロナ対策やオリンピックやインフレ対策で財政を出動し続けている中で金利を上げると、国債市場が混乱しかねない。そこを世界の市場関係者は見越して安心して円を売り続けている。

短期には金利で決まる為替だが、長期には国力が国家の通貨価値を規定していく。そういう意味でこのままいけば長期的な円安傾向は続いてしまう。まずは国力の基本は人口だ。日本の高度成長は人口増加がもたらしたといっていい。3000万人台だった江戸時代の総人口を100年ほどで4倍にまで増やしてきた。

ところが今のペースでいけば、今世紀末には日本の総人口は今の半分以下になってしまう。一方で高齢者は増え続ける。15歳から64歳の労働力人口と65歳以上の高齢者の人口は国民皆年金・皆保険が導入された1960年頃は11対1であった。働き手が高齢者の10倍いたのだ。それから90年後の今世紀半ばにはそれが1・3対1まで均衡してしまう。働き手と高齢者がほぼ1対1になってしまうのだ。もちろん定年の引き上げや健康寿命の延伸やリスキリングが行なわれていくだろうが、焼け石に水で、我が国の財政も経済も危機に陥る。

一方でこの本で書いているように、東アジアの地政学リスクは高まっていく。人口を減らし高齢化させ貧困化させてしまう時に、安全保障上のリスクも高まるのだ。それに加えて、南海トラフ地震、富士山噴火、首都直下地震などの大規模な災害も予想される。

そういう国の通貨を誰が使用し保有してくれるだろうか？　日本人も含めてだ。

一方で社会は安定しているが、極度に失敗を恐れ、新しいことにリスクを取ってチャレンジしていかない。貧すれば鈍するで、ますますリスクを取りにくくなってきている。2019年までは外国人観光客も外国人労働者も順調に増えていたが、コロナ禍で鎖国状態が2年以上続き、元々鎖国が好きな島国日本が、外国に対してオープンになるのも億劫になっている。円安でも日本にいながら外貨が稼げる観光業も、水際対策の緩和が遅れ、海外諸国より復活が遅れている。ただ、世界経済フォーラムも認めたように、日本の観光力は世界一なので外国人観光客の受け入れから外貨を稼ぎ、多様性に慣れていってほしい。

国を開いて外国人を取り入れていくしか日本が国力を取り戻す現実的な手法はない。数学的生物学的に見て、オーガニックな人口増加（純粋な日本人による人口の自然増）は望めないのだ。

日本のビジネスは「インド・東南アジア・アメリカ」にヘッジせよ

■ 中国依存の大きさをどう考えるか？

中国は日本にとって最大の貿易相手国でもある。中国への輸出額は17兆9800億円（2021年）で、アメリカへの輸出額よりも大きい。輸入金額も20兆3800億円で、どちらも全体の20％以上。輸入に関しては24％と全体の約4分の1を占め、およそ1割のアメリカの2倍以上の数字だ。この本を読んでいる読者の中にも今まさに直接、間接的に、中国を相手にビジネスをしている人たちが大勢いることだろう。中国とのビジネスの関係性がなくなったら経済的な損失は大きいことも、十分理解しているに違いない。

中国との問題は絶えないが、ビジネス上は今すぐお付き合いをやめるわけにはいかない。ほぼ同じタイムゾーンの中にある人口約14億3000万人を捨てるわけにはいかない。しかも最近はいくつかのテクノロジーでは世界最先端に近くなっている。そして、現在、中国に在留する日本人は家族を含めて13万人を超える。

しかしながら、日本企業や日本のビジネスパーソンに伝えたいのは、シナリオプランニング、最低でもその頭の体操はしておくべきだということだ。「いくら我々日本が望んでも、安全保障上の理由で中国とビジネスが一切できなくなる時代が来るかもしれない」ということだ。

加えて、もし台湾有事が中国の武力進出という形で起これば、中国に在留する13万人は人質になってしまう可能性がある。退避計画も企業と政府で練っておく必要がある。

もちろんこれは最悪の事態の想定である。もしそんなことになれば中国経済も相当な返り血を浴びるので中国政府として本意ではない。しかし、米中や中台のミスカリキュレーションから最悪の事態が起こってしまうこともあるのだ。

もちろん、日本のすぐお隣の台湾で武力衝突が起これば、日本のシーレーンも無事では済まないので、日本も台湾と並んで兵糧攻めにあってしまう可能性がある。経済的損失だけでは済まないかもしれない。

中国の市場の大きさは、今すぐ他国で代替できるものではない。その証拠に米中対立が深刻化しても、完全に相互のビジネス関係を断ち切ることは行なっていない。しかし、武力衝突が東アジアで起こればそうは言っていられないであろう。

もちろん、だからといっていたずらに現在の中国を刺激してはいけない。「アメリカの地政学」で述べたように、日本に踏み絵を迫っていたアメリカでさえも、日本に中国とのパイプ役を頼みたいという機運が高まっている。そう私はアメリカで感じた。米中が緊張すればするほど日本が冷静にならないといけない。だが、最悪の事態は徐々にでも来ている。せめて頭の体操だけでも準備しておいた方がいいだろう。

■ インド・東南アジア・アメリカを目指せ！

では日本企業はどの市場にヘッジしておくべきか。中国市場のサイズを一国で代替はできない。候補としては、

● インド

- 東南アジア（ベトナム）
- アメリカ

を挙げる。

国連が2022年7月11日に発表した報告書によると、2022年の時点で、世界トップの中国の人口は14億2600万人、世界第2位のインドは14億1200万人。そして2023年にはインドが中国を抜いて、人口世界最多になると推計している。インドの人口はその後も増え続け、2050年には16億6800万人となり、中国の13億1700万人を大きく引き離すと見られる。

GDPランキングを2020年でみると、世界1位はアメリカで22兆3200億ドル、2位が中国で15兆2700億ドル、3位が日本で5兆4100億ドル、4位がドイツで3兆9800億ドル、5位がインドで3兆2000億ドルだ。

潜在的成長率を保守的に見て6％と仮定して試算しても、インドは2024年にはドイツを抜き、2029年には日本を抜く可能性がある。中国に比してインドの弱点はインフラ整備の遅れだが、ここは日本が得意な分野なのでインドの発展に寄与できる。今から長期的にインドに貢献していけば、時間をかけて日本経済の長期停滞を埋め合わせてお釣りがくるだろう。

インドにおける日本のプレゼンスはまだ足りない。インドは安全保障でもクアッドのメンバーであり、日米の重要なパートナー。アジアにおいて経済でも安全保障でも中国のカウンターウエイトになり得るのはインドをおいて他にない。しかし、非同盟中立路線なので味方に引き入れるのも簡単ではない。そういう意味でも経済関係をより親密にする必要がある。

次は東南アジアの各国だ。ASEAN10か国を合わせると人口は欧州連合を上回る6億3000万人となる。やがて日本より大きな経済圏となる。その中でもベトナムが有望だ。製造業が強くEVでアメリカ市場に進出するメーカーも誕生している。ブロックチェーンなどの新技術の導入も進んでいる。日本と同等の一億人近い人口を持ち、東南アジアで最も早く中進国の罠を抜け出して先進国入りする可能性がある。

インドネシアも有望だ。2億7000万人を超える世界第4位の人口大国だ。資源に恵まれ、外資嫌いの傾向が続いているが若年人口が増え続け若い人はグローバル志向が高まっている。

東南アジアでは日本への好感度が高く、信頼も厚い。日本企業の進出も進んでいるが、より一層東南アジアへの投資や事業進出を加速させるべきだ。

最後に、近くて遠い超大国アメリカを挙げたい。バブル期にはアメリカ市場を席巻し、今の中国並みに恐れられていた日本。今は安全保障では重要な同盟国だが、アメリカ市場での日本企業や日本の商品の存在感は非常に薄い。留学生も激減し、日本関連の講座や研究も消えつつあり、アメリカで存在感をなくしつつある。しかし、このままなくし続けるのは経済的にも安全保障上もとても危険である。

世界一イノベーションが進むアメリカ市場で日本企業が勝つのは楽ではない。しかしながら、逆に言えばアメリカで勝てないようでは日本の国力は減退するばかりで円安は進み、日本の貧困化も進む。しかし、素材やオートメーションや精密部品などの分野ではまだまだ勝負ができると見る。リスクを取ってアメリカ企業を買収したり、インドや東南アジアの企業と連携したりしてアメリカ市場を開拓してほしい。

■シンガポールを戦略的に活用せよ

日本企業はシンガポールのさらなる戦略的活用を試みるべきだ。物流や金融のハブ機能やビジネス・フレンドリーな税制も魅力だが、今後はさらにシンガポールの重要度は増す。国民の7割が中華系という中華系社会でありながら、英国の植民地だったので、英語や英米法が定着している。中国の習近平の統治に大多数の国民が理解を示すものの、アメリカ海軍第

7艦隊の寄港地でもある。米中関係が緊張する現在、米中含め世界中の地政学インテリジェンスがシンガポールには豊富にあるのだ。

米中の緊張が高まる中、世界最高レベルの安全保障会議シャングリラダイアローグが開かれるのもシンガポールだ。トランプ大統領と金正恩委員長（当時）が最初の会談場所に選んだのもここシンガポールだ。インド系もマレー系もいて、インドやインドネシアやフィリピンやマレーシア等の市場を攻めるゲートウェイの機能も持つ。

その中で特に日本企業がさらに活用すべきシンガポールの魅力は、

- アジアの地政学情報の宝庫
- 日本の好感度が高い
- 意外なほど製造業重視

私がアジア地政学プログラムの開催地としたのはシンガポールで、これはとても幸運であった。国立シンガポール大学リークワンユー公共政策大学院の教員も、そこで研究する政府関係者も、地政学インテリジェンスをもとに世界各国政府やグローバル企業のコンサルティングをするプロフェッショナルたちも相当レベルが高い。全員が英語、北京語、マレー語、ヒンズー語等を使いこなし、シンガポールベースで日常的にアジア各国の政府関係者や財閥や企業を相手に情報収集分析をやっている人たちだ。こういうレベルが高い人たちが豊富にいる。彼らと連携してプログラムをデザインし、日常的に私も情報交換している。

日本人がシンガポールで暮らしやすいのは、中華系・マレー系・インド系を問わず、総じてシンガポール国民は日本への好感度が高いからだ。各種の調査によれば、「日本が好き」と答えたシンガポール人は9割近い。もちろん、歴史教育はしっかり行なわれていて、過去に日本がシンガポール占領時に行なった残虐行為は国民全員が知っている。それについては「許す、されど忘れない」との立場をとる人が多い。

中華系国家だが、いまや和食のお店の数が中華系のお店の数を超えたと言われる。日本食材を売るスーパーもたくさんあって、日本人としての生活に支障はない。国民の1割以上が毎年日本に旅行するという熱烈な日本ファン。円安でこの数はさらに増えそうだ。

日本の中小企業、特に製造業が生き残るカギはシンガポールにあると思う。シンガポールは金融センターというイメージがあるかもしれない。確かに昨今の中国の情勢を受けて、資産家が香港、マカオ、台湾、上海、北京から莫大な資産とともに移住してきている。シンガポールでの資産運用業は活況を呈している。しかし、実はシンガポール政府は、金融業をあまり好まない。それより、地道な製造業の誘致を求めている。私も政府関係者から「シンガポールは香港のようにはならない。我々は製造業を基幹とした産業構造を目指す」と言われたことがある。実際シンガポールのGDP構成において製造業の割合は意外なほど高く、22～25％となっている。シンガポールの政府系ファンドから「日本の製造業をもっと誘致してくれないか？　シンガポールで製造してシンガポールで雇用を作ってくれれば、英語や中国語でのグローバルマーケティングは我々が手伝うから」とよく言われる。日本には後継者が見つからずこのままでは廃業となってしまいそうな、しかし優れた製造業がたくさんあることをシンガポール政府や金融機関は知っている。それらをどうやってシンガポールに誘致するかを彼らは考えている。日本の地方大学に眠れるテクノロジーもそうだ。日本への好感度が高く、日本の製造業を評価しているシンガポールを活用しない手はない。

環境適応技術を世界に売り出せ

世界が注目する次世代技術は日本にある。それが「環境適応技術」だ。「災害テック」とも私は呼んでいる。「クライメートテック」という環境技術に対する投資は、ここ数年世界で盛んである。これは太陽光や風力などの発電技術から電池開発や省エネなど分野は幅広く、その目的は気候変動阻止を目指している。しかし、我々はここでも最悪のオプションを用意しないといけない。

気候変動の研究者たちの中には「気候変動を止めるのはもう遅い」「政府が20年後、30年後、40年後を目途にしている約束、つまりカーボンニュートラルや全車EV化等は、その頃には当事者がもういないので守られないだろう」という人が少なくない。今からの現実的な技術力や取り組みを前提にすれば、「気候変動は止められない」というものだ。

だとすれば我々の未来はどうなるのか？ 「異常気象の常態化」だろう。つまり我々人類は頻繁に災害に見舞われ続けるのだ。台風の数は増え、雨の降り方は変わり、平均気温は激変し、それは地震や火山活動にも影響を与えるだろう。両極の氷が溶け海水位は上がり、世界各地の湾岸沿いの都市は水没の危険性も高まる。洪水と干ばつが同時に起こり、極端な高温と低温も世界各地で頻発する。

「気候変動を防ぐテクノロジー」から「常態化する異常気象の中でも人類を生き抜かせるテクノロジー」への投資転換が求められる。ではそういう「災害テック」はどこにあるのか？

それは我らが日本にあるのだ。これらの災害テックは高度な土木技術や食糧生産技術が基礎となるので、これらの技術を持つのは先進国である。先進国の中でも幾多の災害の中で生き延び人口を増やし経済大国を築いてきたのは我らが日本である。

台風や地震や洪水や火山噴火や大雨に対応する技術、土木技術や食糧生産技術や早期警戒技術は日本が長い歴史の中で築いてきた。それらの技術が災害にあまりあってこなかった世界中の先進国から新興国までで年中必要になってくるのだ。極端な高温や低温や乾燥の中でたくましく育つ稲や野菜や果物も作ってきた。カップヌードルなどの保存食も多様にある。

我々があまりビジネスチャンスとして関心を払ってこなかったこれらのテクノロジーが世界で広く必要とされ、高く評価される時代になってきた。日本の災害テックは、国や大企業や大学や地方自治体や中小企業や地方大学に広く分散している。これらを集めて投資を受けられるパッケージにしていけば数百兆円、いや気候変動のスケールを考えると数千兆円の市場規模のビジネスとなるであろう。これは絵に描いた餅ではなく、地に足の着いた現実的な話なのだ。

日本では暴走しない・指示待ちのリーダーが好まれる?ワケ

日本の地政学の最後に、日本から強いリーダーシップが生まれにくく、危機管理が下手な理由を考えてみようと思う。間違っている可能性も高いので、ご笑覧いただければと思う。

これは日本の地理的な成り立ちが大きく影響していると思う。大した天然資源に恵まれることもない島国で、一番近い大陸からは急流で守られ、古来より隣国から襲われるリスクが少なかったのが日本だ。太平洋戦争を除けば、先述のごとく、直接襲われたのは元寇と露寇くらいだ。太平洋戦争でアメリカに敗戦したが、植民地化は避けられ、再びすぐに独立して国際社会に迎え入れられた。

一方、島内は比較的温暖でそれなりに豊潤であったと思われる。地震や噴火はあったが、大陸で流行したような感染症からも島国ということで守られていたと思う。

だからこそ、人々が集まって、危機管理に優れる強いリーダーシップを待望することはあまりなかっただろう。

侵略者や征服者にやるかやられるか、の時代は戦国時代に少しあっただけだった。中国や欧州は暴君や侵略者・征服者が市民を蹂躙する歴史の連続だった。これに比して我が国ではそれに匹敵するような規模の大衆を苦しめるイベントはほとんどなかった。ということで侵略者や戦乱に対処する危機管理技術とそれを実現する統治技術は未発達だった。また、悲惨な戦争がもたらすテクノロジーの発展もほとんどなかった。

それらの技術はのちに隣国や欧州からの導入任せであったので、テクノロジーの登場が社会を変えることもゆっくりだったと思われる。ただ、我が国は言葉から兵器まで、舶来技術を改善することには長けていたと思うが。

日本社会を「島国根性」と自嘲気味に語る識者が多いが、自然に守られた穏やかな島国社会は、これはこれで素晴らしい環境であったと思う。もし日本がユーラシア大陸にあったら、国境も社会も国民も原形をとどめていないだろう。常に侵略者や征服者に蹂躙されていただろう。また、多くの死者を出す凶暴な感染症に襲われたりしていただろう。暴君や騎馬民族などが定期的に現れ、大規模な殺戮や破壊をされたりするのも大変だ。

このように、社会や国民性は、地理や天候が長年にわたってもたらす環境に大きく左右される。良いも悪いも、ベストもワーストも簡単には定義できない。日本社会が強いリーダーシップを好まず、立派なリーダーが現れず、危機管理に弱いのも、自然環境がもたらした長い歴史的背景があると思う。世界的なリーダーを生む国家には、それ以上に不幸な歴史もあったのだ。

ということで、我が国では、均質性の高い空気の中、おさまり重視の、特に何もしない、危機にそんなに強くない、弱いリーダーシップの人たちが、誰が本当に権力があるのか、わからない形で登場することになるのだ。天皇もそれなりに弱い権力しか持たなかったからこそ、これだけ長く天皇制が続いているのだと思う。どこかの国王のように権力が集中していたら、天皇家も絶やされていたかもしれない。

首相もそうだ。軍部や政府の独走で太平洋戦争が起こったというより、軍も政府も天皇も、突出した権力のない中で、昭和恐慌の中、軍需に期待した国民世論とメディアに配慮して、

「戦争しない決断」に踏み切れなかったということではないだろうか？　戦後のリーダーシップも、派閥や大物議員間の義理・人情や貸し借りで首相は縛られ、強いリーダーシップは期待されていないし、発揮できないのだ。官僚機構も見事にブレーキ役を果たしていたと思う。

そのために教育は「指示待ち人間」を大量に養成するものとなっている。これは明治維新を契機に、幕藩体制を中央集権に大きく短期に切り替えて、富国強兵を目指した背景を考慮すると最適の教育だったのだと思う。

そして〝優秀な指示待ち人間〟が大量に育成され、欧米にキャッチアップする目標を持って、社会を担うようになる。戦後は財閥も解体され、農地も解放され、スタートアップモード全開でスタートして、ソニーやホンダなどそれなりにスタートアップが生まれたが、二代目からは見事に「指示待ち人間」たちが戦前の大組織の色を濃くしている。

これからも日本のメインストリームの組織は、指示待ち、おさまり重視で、弱いリーダーシップで、危機管理は下手であり続けると思う。そして国家予算で行なわれる教育はそういう指示待ち人材を作り続けるだろう。

1億人以上の人口を抱えると、日本にもそれなりに生来リーダーシップの素養ある人も確率的に生まれているだろうが、大陸の荒野で暴君や侵略者に荒らされ続けた環境で育った人材や組織の人たちと、戦って勝てる人材は限られていると思う。

しかし、時代は変わっている。パンデミック、未曾有の人口減少と高齢化、台湾や尖閣での有事の可能性、大災害の可能性で、危機管理の重要性は増している。そして、何より、どこかを目標にしたり、誰かの指示を待つことが、ハッピーに人生を送ることにつながらない時代がやってくる。

リーダーになる人物を鍛え選抜するシステムは作った方がいいが、首相自身が指示待ちにしか見えない今の日本では無理であろう。今となっては、一人一人が自分で主体的に自分の人生をリードしていく危機管理も行うことが求められる。これは指示待ち人間製造しかできない、国家予算でやる教育や大組織の研修ではやってくれないだろう。優れたリーダーを待望したり、生まれもしないヒーローにすがることが正しい時代ではないだろう。自ら自分で自分（や家族）を守るために、自分で情報を集め、自分の頭で考え、自分で行動していくしかないと思う。多くの過ちや挫折を経験するだろうが、この本を読んで様々な準備を始めてほしい。

第 4 章

「内陸×大国」の地政学

中国・ロシア

「内陸×大国」の地政学の基本

基本1 厳しい気候の広い国土が恐怖と苦労を助長する

ここでは次に「内陸×大国」、すなわちユーラシア大陸の「ランドパワー大国」である中国とロシアについて、見ていく。

極度な寒冷地や広がる乾燥地に囲まれた過酷で広大な大地で、様々な異民族にいつ侵入されるかわからない中で暮らしてきたランドパワー国家。温暖な、四方を海に囲まれた島国で暮らしてきた我々とは見える世界が違う。ロシアも中国も国土は広大だが、ロシアの国土の約8割には人が住んでおらず、中国の国土の約2割は砂漠化している。つまり、広い国土の大半は過酷な環境にあり、その中で人々が暮らせる土地は限られているのだ。加えて、両国とも戦闘力と機動力にあふれ、容赦ない破壊行為を行う騎馬民族に脅かされ続けてきた。

そもそも国土が大きくて、住める地域が限られていたし、異民族の襲撃から身を守るためには、国土を拡張し、異民族を制圧し続けるしかなかった。拡張すればするほど国境線が延び、国内にも制圧した異民族が増え、内外に恐怖を増やしてきた。外の敵にも内の敵にも対応するためには強権を発動できるリーダーが必要だった。

食糧生産やインフラ整備のためにも強権は必要だった。国土開発や灌漑や洪水の対策のためには、大量の人員を動員した土木工事が必要で、そのためにも国土を大きくして人口を増やす必要がある。強権を発動するリーダーが不可欠であったのだ。

これらが、広大なユーラシアにおけるランドパワー、ロシアや中国が領土拡大を続ける根源的理由である。「内陸×大国」の地政学の真髄とも言える。窓やドアがたくさんある大きすぎる家に住んでいると、恐怖からどんどん家を大きくしてしまうのだ。家の中に、心が通わない異質な住人が増えていくと、これまた家の中も恐怖が増して、抑え込んでしまう。「攻められる前に攻める」という発想にもなるのである。

中国、ロシアはあれほど広い国土を持っているにもかかわらず、なぜ領土に執着するのか？　すべての行為が正当化されるわけではない。しかし、現実的で持続的な和平構築のためには、国家の行動の背景にある地理的制約に我々は思いを馳せるべきであろう。

気候と治安がよい環境の中、セキュリティの高いこじんまりとしたマンションで暮らしているのが我々なのだ。治安のよいとは言えない広大な敷地で窓やドアがたくさんある大きな家に住んでいる人との違いを想像してもらえればいい。恐怖から自宅に屈強なボディーガードを欲しがるだろう。そして、ボディーガードを揃えれば揃えるほど周りからは、あの家はこっちを襲ってくるんじゃないかと思われるのだ。

基本2 少数民族封じ込めのためにも強権的になる

1721年11月から1917年3月まで存在した帝政ロシア（ロシア帝国）が、今説明した内陸大陸国家の特徴といえよう。おそらくプーチンの思想、理想とする国家の根幹、源泉なのかもしれない。

帝政ロシアが統治していた土地は現在のロシアをはじめ、フィンランド、リヴォニア、リトアニア、ベラルーシ、ウクライナ、ポーランド、コーカサス、中央アジア、シベリア、満洲など。ユーラシア大陸の北部広くに及び、広さは世界の陸地のおよそ6分の1、2280万平方キロメートルもあったとされる。

このような広大な土地は、周辺で自由に暮らす少数民族を制圧して得たものでもある。現在、中国は約70、ロシアは約190の少数民族を国内に抱えている。

少数民族の中でも、中国やロシアに広がるステップ気候の場所を移動し生活していた、騎馬民族は高い戦闘能力を誇っていて、最大の脅威であった。主として、騎馬民族はモンゴル系・トルコ系・チベット系・ツングース系らであった。

「タタールのくびき」という史実にあるように、現在のロシアやウクライナは、過去に騎馬民族の支配を受けていた。中国の歴代王朝は、匈奴、突厥、西夏、女真、ウイグル、キルギス、モンゴル等々の騎馬民族によって、何度も襲撃を受け、支配された経験を持つ。匈奴、モンゴル、女真等の侵入を防ぐために万里の長城が作られ何度も改修された。

制圧した少数民族を国内で統治するためには、中央集権で強権的なものが必要となる。騎馬民族の襲撃に対抗する軍隊や巨大インフラを用意するためにも強いリーダーシップは不可欠だ。

ウクライナに侵攻したロシア政府が、支配下においたウクライナ人にロシア語やロシア流の教育を強制している。中国も、ウイグルやチベットで少数民族の思想洗浄・統一に躍起になっている。異なる慣習や文化や言語を話す少数民族を制圧した場合、その後の独立を防ぐためにも同化を強制しがちだ。彼らの反発の仕方は予想できないだけに強権国家としては何

図表11　中国の治安維持費と国防費

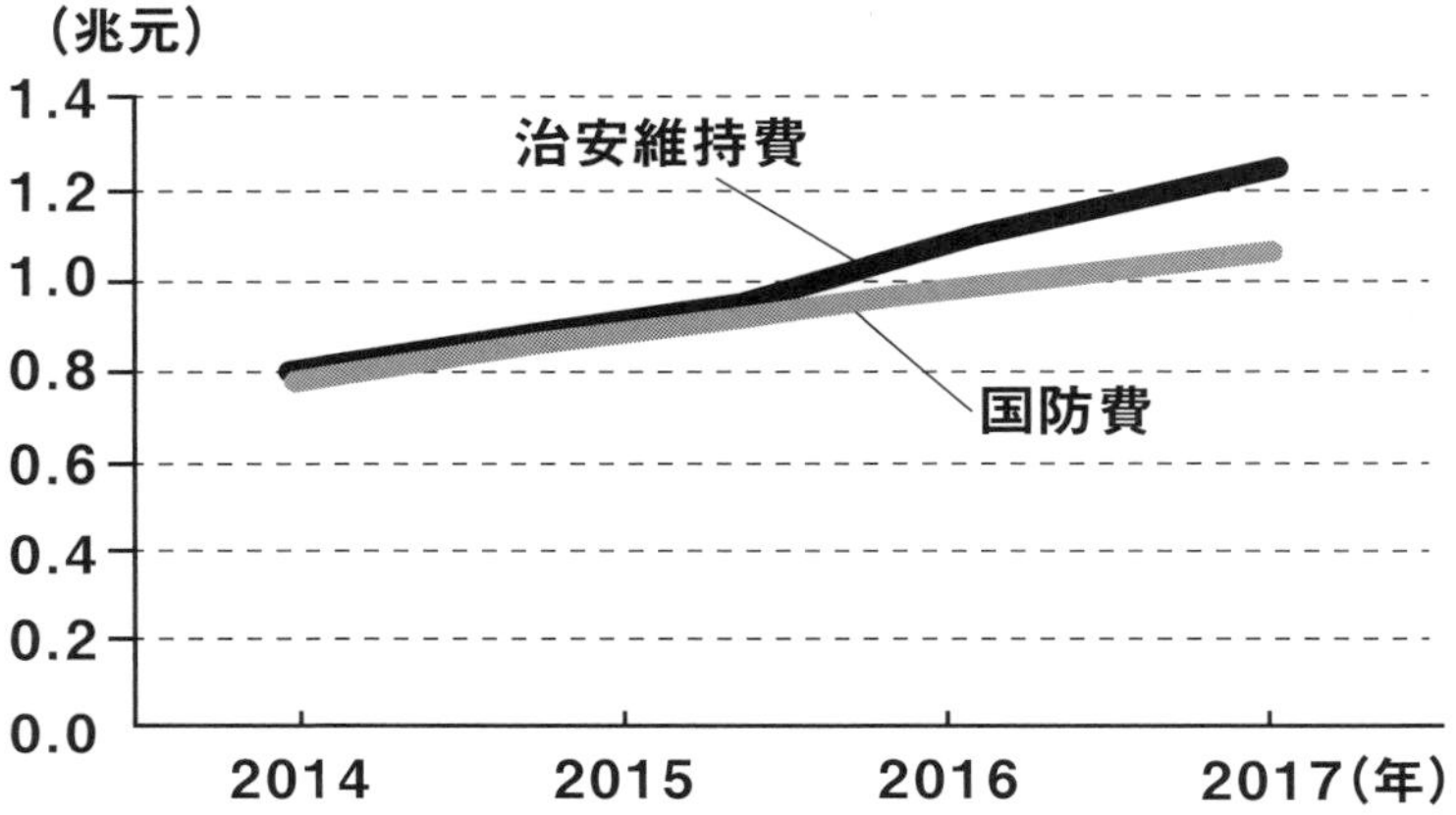

より怖く、抑え込みたいのだ。

多様な民族が自発的にアメリカを目指してできたシーパワー・アメリカと、周辺の少数民族を恐怖から制圧していったランドパワーの中国やロシアが、その多様性の尊重の仕方や人権への配慮に対して格差があるのは、こういう経緯から来ている。

これは傍から見れば乱暴に見えるが、少数民族を内部に抱える大国としては自然だ。

中国において、内なる敵を制圧する国内治安維持費が、外国の敵から自国を守る国防費よりも高いことがその証だ。2017年の中国の治安維持費は1兆2400億元で、国防費は1兆460億元である。国防費といっても、人民解放軍は国軍ではなく共産党の軍隊だ。中国は国家より共産党の維持が国是だ。そういう意味では国防費の一部は、国内で共産党に逆らうものを抑えこむ目的で使われているだろう。

敵は内にあり、がユーラシアの巨大なランドパワーの実情なのだ。

中国を超える190近い少数民族を国内に抱えるロシア。その国内治安維持費は明らかになっていないが、国防費に勝るとも劣らない額となっているのではないか？　プーチン氏もウクライナだけでなく国内の政敵を恐れてウクライナ戦争を戦っている部分もあるのだと思う。

■なぜウクライナの人たちは戦うのか？

ウクライナ戦争が始まった当初は、ロシアとウクライナの戦力差から2週間ほどで首都キエフは陥落し、ウクライナはロシアの手中に入ると予測した専門家が少なくなかった。当時、日本では「人の命は何より大切。ウクライナは降伏してしまえばいい」というコメンテーターもいた。戦争に対しては色々な考えがあっていい。こういう意見を言う人たちは降伏して占領されても人権は等しく与えられると思っているのだろう。だとしたらウクライナの人たちはなぜ命懸けで抵抗するのか？

それは強権国家に侵略された「少数民族の扱い」を熟知しているからではないか？　ウクライナの人たちは降伏したら自分たちがどう扱われるかがわかっているのだと思う。実際捕虜になったり制圧された場所で捕まったりしたウクライナ人たちはロシアで強制収容所に送られたり強制労働させられていたりしているとの報道もある。

我々日本人も最悪の事態が起こった場合、他人事ではない。国際世論や国際機関や国際法がどこまで守ってくれるだろうか？　強権国家の侵略に対して降伏した場合、我々は少数民族扱いを受ける可能性が高い。人々が自発的に集まったアメリカの多様性に対するリスペクトのような扱いは、強権国家に対して降伏した少数民族には期待できない。

基本3　一度侵略したら独立させられないワケ

中国において、ウイグルやチベットの人たちの命懸けの抵抗を見ていて、「そんなに中国に水が合わないならいっそ手放して独立させてしまえばいいのに」と思ってしまうことはないだろうか？

中国政府だって、チベットやウイグルを同化させるために相当なコストを払っている。インフラは整備し、教育機関も用意し、警備費もかけ、盗聴や盗撮も入念にしている。それでもテロや焼身自殺をされたり、西側のメディアに秘密取材され、自国の人権問題でダメージを受けたりしている。

彼らがそんなに独立したいなら独立させてしまえばいいのではないか、と思うかもしれないが、それを強権的リーダーは許すだろうか？ もちろんありえない。一度征服した領土に徹底的にこだわるのがランドパワーだ。もし反発ばかりする少数民族を独立させたらどうなるだろうか？

おそらくその領土が独立国になれば、厳しい弾圧を続けていた自国の敵対国として隣国で国境線を共有することになる。そうすれば、自国に対抗する国、つまりアメリカやインドなどの支援を受けて、脅威として国境のすぐ外側に存在し続けることになりかねない。

加えて、他の少数民族に与えるインパクトも大きい。反発の強い一つを独立させてしまったら、それは連鎖するだろう。チベットが独立したらウイグルも、そしてそれに続くところがあるかもしれない。実際ソ連崩壊時にソ連は多くの元自国領土に独立されて縮小してしまった。

中国もロシアも苦労して手に入れ、苦労して弾圧して同化させている少数民族をみすみす独立などさせないだろう。それはライバル国に付け入る機会を与え、自国をバラバラにしてしまうことにつながりかねない。だから強権的になり、強制的に思想洗浄、統一を図るのだろう。

私は今日のこれらの国家の行為に価値判断を加えているわけではない。あくまでロールプレイをして観察対象の国のトップの思考をシミュレーションしているだけであることをもう一度ここに記しておく。

■ 巨大インフラの建設を進める際にも強権的中央集権統治は必要

中国やロシアのようなユーラシアのランドパワーの広大な土地の大部分は自然環境が厳しい。歴史的にほとんどの騎馬民族がこのあたりの巨大なステップ気候で暮らしてきた。厳しい自然環境の中で食糧生産をするためにも、騎馬民族から自国を守るためにも、巨大インフラ建設が必要だったのだ。

例えば、灌漑などの治水事業だ。定住のためには巨大河川から水を引いてきて、乾燥地を潤わせる必要があった。また、騎馬民族の襲撃から身を守るためには万里の長城のようなインフラも建設し、メンテナンスしていくことが必要であった。

そのような巨大事業のためには、多くの人民に集団的な労働をさせる必要があった。広大な国家の統一のためには貨幣や単位や暦や道路などの共通化も必要であった。そのためにも強権国家・中央集権統治は必要であった。

ちなみに最近まで胡錦濤氏ら中国の歴代トップの学歴は土木工学が多かったのはこの理由である。

中国の地政学

人口はすでに減少し高齢化が顕著に

中国の大半、特に内陸部は砂漠地帯などの乾燥地域が続くステップ気候である。近年砂漠の緑化に尽力しているが、国土の27％が砂漠で、森林面積は23％しかない。森林面積が66％以上の日本と比較すると国土の乾燥度がよくわかる。場所によっては降水量が多いエリアもあるが、背丈の低い草木が生える程度の場所が多い。

古来、遊牧民族、騎馬民族は数多く存在してきた。イラン系、チベット系、トルコ系、モンゴル系など。モンゴル系の匈奴、スキタイなどは特に有名だ。彼らは必然的に馬術に優れ、騎兵としての軍事能力が高かったため、中央ユーラシアを席巻し、何度も中国歴代王朝を苦しめた。

一方で、日本に近い湾岸沿いは雨量も豊富で温暖な気候だ。人口の約40％が中国の湾岸である東部に集中している。中国は世界で乾燥地の緑化にも最も成功し、かつての乾燥地帯でも緑が次第に増えてきている。

現在の国土面積はアメリカとほぼ同じで日本の約25倍。ユーラシア大陸に位置するので、多くの国家に隣接する。北はモンゴル、ロシア、南は北朝鮮、ベトナム、ミャンマー、西はインド、パキスタン、カザフスタンなど、国境を共有する国々は14か国にも及ぶ。

中国の人口は国連によると２０２２年（7月1日時点）に14億２５８９万人。国連は中国の人口は２０２２年時点ですでに減少に転じたとしている。２０２３年にはインドの人口が中国を上回り、世界最多の人口を有する国になる見込みだ。

中国国家衛生健康委員会によると、中国における65歳以上の高齢者数は1億９０６４万人で、日本の総人口を上回る高齢者がすでに存在することになる。高齢化率は13・５％に達した。中国の平均年齢は38・８歳でアメリカの38歳を上回るが、日本の45・９歳よりはまだ若い。

人口減少と高齢化は中国の今後の対外行動にも少なからず影響を与えるであろう。

騎馬民族によって国家の成熟が阻害される

中国の歴史は常に騎馬民族との戦いの連続であった。騎馬民族は生活そのものが軍事訓練であった。常に馬を乗りこなし、弓矢で狩猟をし、最小限のものだけ持って、常に移動を繰り返す。全員が戦闘員と言ってもよかった。

一方で定住し力仕事に長ける若者が農作業に従事している国家では、軍隊に若者を大量に動員できないし、軍事訓練を定期的に行うことも容易ではない。弓や馬を使いこなすことを日常生活では学べない。

失うものもない騎馬民族は破壊の限りを尽くした。騎馬民族に敗れた文明は富から文化までほぼすべて失った。技術が発達し、火薬や鉄砲が生まれるまでは、農耕社会を営む文明が騎馬民族に対抗するのは困難であった。

騎馬民族の存在と侵略によって、中国王朝は社会を成熟させることが叶わなかった。騎馬民族に対抗し、騎馬民族を統治するためにも、常に専制君主による強権的な国家運営しかできなかった。

一方で騎馬民族の生息地域から距離や山脈や海で隔てられた西欧や日本では、騎馬民族による文明破壊が起こらず、社会を成熟させることができた。専制君主制から、私有財産や余剰生産を封建諸侯に許す、封建制度が生まれた。これにより、資本家が生まれ、のちの産業革命や資本主義の誕生の受け皿になった。

■騎馬民族統治のせいで封建制が生まれず資本が誕生せず

一方で全土を隅々まで科挙官僚が見事に統一した中国の歴代専制国家では封建制が生まれる余地はなかった。専制君主の力が強すぎたのだ。火薬、コンパス、印刷という人類の三大発明はすべて中国で生まれ、暦作成のための天文学も世界で最も発展していたが、封建制とそれが生み出す私有財産制度が生まれず、発明された技術を商業利用して稼ぐ担い手が現れなかった。

専制君主に力が集中している体制は腐敗と権力闘争ばかりを生んだ。中国王朝の崩壊のきっかけは騎馬民族の侵略もあったが、実際は権力争いとそこからくる腐敗による自滅が多かった。

昔から人口が多かったので古代から産業革命までは中国が世界一のGDPを誇っていた。しかし、産業革命と資本主義を活かす素地が生まれなかったので、その後はその素地を持っていた西欧と日本に、技術活用や経済発展で抜かれ、大国ながらも蹂躙されることになる。

中国がチベットを狙うワケ

チベットはエネルギー、鉱物、水など天然資源に恵まれている。中でもチベットの豊かな水源は、恒常的な水不足に悩む中国は喉から手が出るほど欲しい。特に、チベット高原は「アジアの水がめ」と言われ、中国の長江や黄河はもちろんのこと、ガンジス川、インダス川等のインドやメコン川など東南アジアの主要大河の源流となっている。

中国が主要河川の上流にダムを作っているが、その裏には水資源の確保以外の目的もある。アジアの主要河川の上流にダムを作り、下流を干上がらせることで、他国の湖や川を干上がらせて、水はもちろん、そこに生きる貴重なたんぱく源である水産資源にダメージを与えるのだ。また、一気に放水して鉄砲水や洪水を作り出すこともいざとなればできる。

中でも海外各国から問題視されているのが、メコン川やブラマプトラ川の上流域だ。どちらの川も源流はチベットだが、メコン川はその後、中国の南西部を通り、インドシナ半島（ミャンマー、タイ、カンボジア、ラオス、ベトナムの5か国のある半島）へと、およそ4200キロメートルの長さを流れ、南シナ海に注ぎ込む東南アジア最長の河川だ。この川の中国に流れる流域でダムを作り、下流にある国々をすでに困惑させているのである。

これらの国々にとってメコン川は非常に重要な川である。特にカンボジアは国民のタンパク質摂取量は川魚からがおよそ60％といわれており、その豊富な源であるトンレサップ湖がメコン川系列にあるからだ。それもあってカンボジアは中国と親しくせざるを得ない。まさに地政学、地理的要素が政治の武器として使われている事例だ。

水を使った外交はハイドロポリティクス、水政治学とも言われ、近年特に注目されている。重要なのは、このような大規模なハイドロポリティクスを仕掛けるには、ダム工事などの巨大な治水エンジニアリングに長けた中央集権的な、そして川の上流部を押さえている立地に恵まれた国家が有利である点である。現在は干上がらせることで他国を攻撃しているが、今後は逆に、一気に水を放流することで洪水などを引き起こし、ダメージを与えることも考えられる。

同じくチベットが源流のブラマプトラ川は、バングラデシュでガンジス川と合流し、ベンガル湾へ注ぐ河川であり、インド、ブータンも流れる。この川も同じく中国が上流を押さえている。インドは国内で食料を自給できる豊かな土地柄であるが、それはガンジス川やインダス川といった豊かな河川があるからこそである。インドは元々が歴史的に中国とは牽制し合う仲のため、カンボジアとは違い、中国の動きに反発する姿勢を示している。話し合いがされているが、お互い譲歩しない状況が続いている。今後は中国がインドを「水攻め」していくかもしれない。

アメリカなどは由々しき国際問題だと声を上げているが、現在の二国間の関係性から見ても、中国が譲歩したり聞く耳を持つような動きはない。逆にダムをカードに使い、様々な経済、安全保障外交を進めていくに違いないだろう。

「一人っ子政策」が中国の軍事作戦に与える影響

中央集権的な専制国家であり、人口も多い中国。「14億人もいるのだから、戦争になれば一億人くらい失っても平気だろう」と怖がる人もいるだろう。だが中国の実情は、「一人っ子政策」によって、極度の人命尊重社会になっている。

中国は1979年から2014年と四半世紀にわたり、増えすぎた人口を抑制しようと一人っ子政策を敷いた。人口の爆発的な広まりを抑えることはできたが、新たな問題が生まれた。1人しかいない子供や孫を、親や祖父母が溺愛する風潮だ。

台湾有事などが起き、戦闘員として現地に派遣された大事な一人っ子が、戦闘で亡くなったら、母親や祖母が発狂すると言われる。それは恐ろしいエネルギーになって反政府運動になると知人の中国の識者やメディア関係者が言っている。

中国政府が台湾への作戦で最優先すべきは、犠牲者を最小限に抑えることだという。「戦わずして勝つ」くらいの情勢にしないと中国は台湾侵攻に踏み切れないと言われる。またはサイバーやドローンを中心に戦闘員をできるだけ使わず、成果を出す作戦に集中すると言われる。

当然だが、中国政府も国民感情の変化は十分に理解している。その結果、以前のようにそう簡単に戦争を仕掛けることはできない。一人っ子政策が軍事作戦にまで影響を与えるという興味深い事例である。

中国が「南シナ海」を欲しがるワケ

地政学的な観点から各国の動きを捉えると、世界の覇権国家、シーパワーになるためには、近海を制覇するのが鉄則だ。例えば過去、イギリスはユーラシア大陸との間のドーバー海峡を統治し、その後、世界の海に進出していった。

アメリカも同様だ。マイアミの南、キューバやジャマイカからなるバハマ湾を押さえた後、太平洋を経てアジアなどに進出していった。

図表12　南シナ海

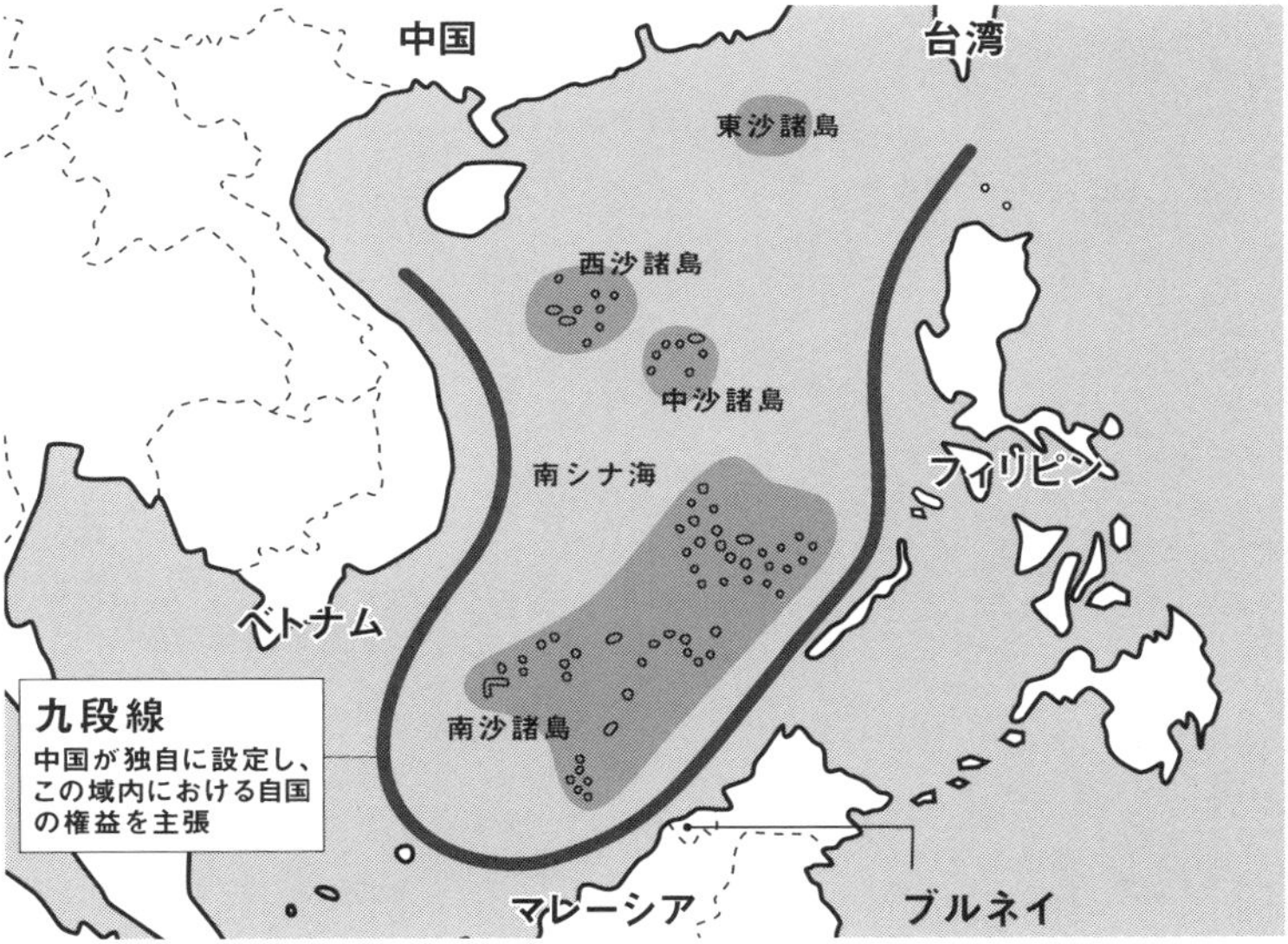

先述のごとく、中国は南シナ海から太平洋進出を狙っている。中国の太平洋進出をブロックする、海の上の万里の長城、日本列島の隙間である南端を狙っているのだ。

中国は原子力潜水艦を隠す深い海を今は持っていない。平均深度50メートルほどの黄海では核兵器が搭載可能な原子力潜水艦は隠せず、敵国アメリカに対して「相互確証破壊」を確立できない。その意味でも、深い海、そう、南シナ海が欲しいのだ。

南シナ海とは、北は台湾や中国本土、東はフィリピン諸島、西はベトナム、南はマレーシア、ブルネイから囲まれる海域である。

海域内には南沙諸島（スプラトリー諸島）、西沙諸島（パラセル諸島）、東沙諸島（プラタス諸島）、中沙諸島などの大小の島々（島嶼）が散在しているが、このうちの南沙諸島に7つの人工島を建設し、軍事基地を形成しているのが中国だ。

大型の航空機が離着陸できる、3000メートル級の滑走路の他、軍艦や輸送船などが着岸できる港湾施設も建設されている。現在もなお新たな人工島ならびに軍事基地などが造られており、同地域を実効支配していると言えるだろう。

中国は1950年頃から同地域を自国の領土だと主張してきた。そうして体力がついてきた今まさに、主張を通すかたちで基地を建設し、実効支配に至っているのである。

ただ、国際法上は違法である。2016年に国連海洋法条約により、中国が南シナ海の主権を持つことはないとの判断が示されている。

だが、中国は判決を受け入れなかった。するとアメリカも含め南シナ海周辺の国々も同地域は自国の領土だと訴え、中国に反発。中国と同様に人工島を建設しようしたフィリピンに対して、中国は軍艦も含めた数百の船団が長期滞在するなどして威嚇した。2020年には、ベトナムの漁船が中国の巡視船に体当たりされ、沈没するなどのトラブルも相次いでいる。

南シナ海においては、軍事的な領土拡大だけが中国の狙いではない背景も見えてくる。同海域の漁獲量は世界全体の1割以上とも言われる、豊かな海でもあるからだ。さらに海の下には原油や天然ガスがあり、2000億バレルになるとの予測もある。世界第2位の石油埋蔵量を誇ると言われるサウジアラビアの埋蔵量が約3000億バレルと言われるから、その次点、世界3位の量になる。また、物流拠点であるのも大きい。チョークポイントの一つであるマラッカ海峡に通じる海域だからだ。

このような背景から、近隣諸国も大国・中国が相手でも一歩も引かないのである。現に、マレーシアは海底油田取得のため、調査船を派遣するなどの動きも見せている。

■シーパワーになるチャンスはあったのにならなかった

世界の三大発明は中国で生まれたと説明したが、他の技術革新も当時世界トップクラスであり、海洋技術もその一つだ。大型船舶を造る技術もあったし、巨大な船で大洋を航行する航海術もあった。

明代の宦官、武将、航海者である鄭和は、軍功を挙げて永楽帝に重用され、南海への計7度の大航海の指揮を委ねられた。その船団は欧州の大航海時代より100年以上早く、東南アジア、インド、セイロン島からアラビア半島、アフリカにまで航海し、最遠でアフリカ東海岸のマリンディ(現在のケニア)まで到達した。

鄭和の指揮した船団の中で、最大の船は「宝船（ほうせん）」と呼ばれた。『明史』によれば長さ44丈（約137メートル）、幅18丈（約56メートル）、8000トン、マスト9本であり、小さく見積もっても長さは約61・2メートル、1170トン、マスト6本という巨艦とも言われる。欧州の大航海時代の帆船よりははるかに大きく頑丈である。

シンガポールの博物館に飾られているので私も何度か見たことがあるが、アフリカゾウやキリンが移動できるような巨大船だ。性能的にもヨーロッパよりも上だったと思われる。ではなぜ、ヨーロッパの国々のように他国に進出しなかったのか。

いくつか説はあるが、有力なものとしては、当時の中国人はあらゆるものを持っており、当時は新興地域でしかなかった欧州などと交換したいものはなかったというもの。欧州は中国の火薬や印刷技術、コンパスの技術やシルクやお茶や陶器などを欲しがったが、それと交換で中国が当時の世界から欲しいと思うものがなかったと言われる。

また、中国には交易を担当する資本主義の担い手がいなかったこともあろう。中国は専制君主による中央集権が徹底され、資本家が生まれなかった。一方で、欧州では封建制度により私有財産が認められ、貿易を担う資本家が生まれていた。

他には、陸続きで騎馬民族ら他国との争いに明け暮れ、海洋まで進出する余力が続かなかったこともあろう。技術はあったのだが、残念ながらランドパワー中国はシーパワーの二刀流をすることはできなかった。しかし、歴史はめぐり数百年経った今、改めてランドパワー・シーパワーの二刀流国家を目指し始めている。

史上初「ランドパワー」と「シーパワー」の二刀流になるか？

中国のシーパワーへの転換に関しては、アンドリュー・エリクソン（Andrew Erickson）、ライル・ゴールドスタイン（Lyle Goldstein）及びカルネス・ロード（Carnes Lord）が、『大陸国家が海に向かうとき（When Land Powers Look Seaward）』と題した論文において、中国のようなランドパワーがシーパワーへと転換できるか、その可能性を論じている。エリクソンらによれば、

- 過去の歴史を振り返れば、ランドパワーからシーパワーへの転換は幾度か試みられてきたが、そのほとんどが失敗
- 成功例としてはペルシャとローマ
- ただ、その両国でも、早期転換は困難であった。

しかしながら、彼らは、中国が、以下のような点で過去にシーパワーに転換できなかった国とは違う可能性があるという。

①力強い海洋経済
②高い造船能力
③陸上国境を接するほぼすべての国々との国境線が確定済み
④シーパワーへの転換を国家の当然の方向として支持・サポートする指導者の存在

――過去の失敗例とは違い、中国はこれらの利点に恵まれているので、結論として、中国はシーパワーへの転換の可能性ありと見ている。特に中国は、歴史から教訓を学んでおり、過去にシーパワーへの転換を目指しながら失敗したランドパワー国家と同じ過ちを繰り返すとは限らないという。つまり、エリクソンらは、中国のシーパワーへの転換が成功する可能性があると指摘している。

西欧の大航海時代より100年以上前にも、当時の西欧の造船能力や航海能力をはるかに上回っていた中国のシーパワーへの潜在力。それがついに開花するのか？

まずは近海から太平洋へ出ることを目指すだろう。原子力潜水艦を隠せる深い海を求めて、万里の長城のように中国近海に横たわる日本列島の南端から台湾にかけて、こじ開けることを目指していくのではないか？

ウクライナ戦争でとん挫する？巨大経済圏構想「一帯一路」

２０１３年国家主席に就任して間もなかった習近平氏が提唱したのが現代版シルクロード構想、一帯一路構想である。一帯というが、実は構想のルートは５つもある。まず陸のルートが３つ。

①中国西北、東北から中央アジア、ロシアを経てヨーロッパ、バルト海に至るルート
②中国西北から中央アジア、西アジアを経て、ペルシア湾、地中海に至るルート
③中国西南からインドシナ半島を経て、インド洋に至るルート

次に海のルートが２つだ。

①中国の沿海港から南シナ海を通り、マラッカ海峡を経て、インド洋に到達し、さらにヨ

図表13　中国の一帯一路構想

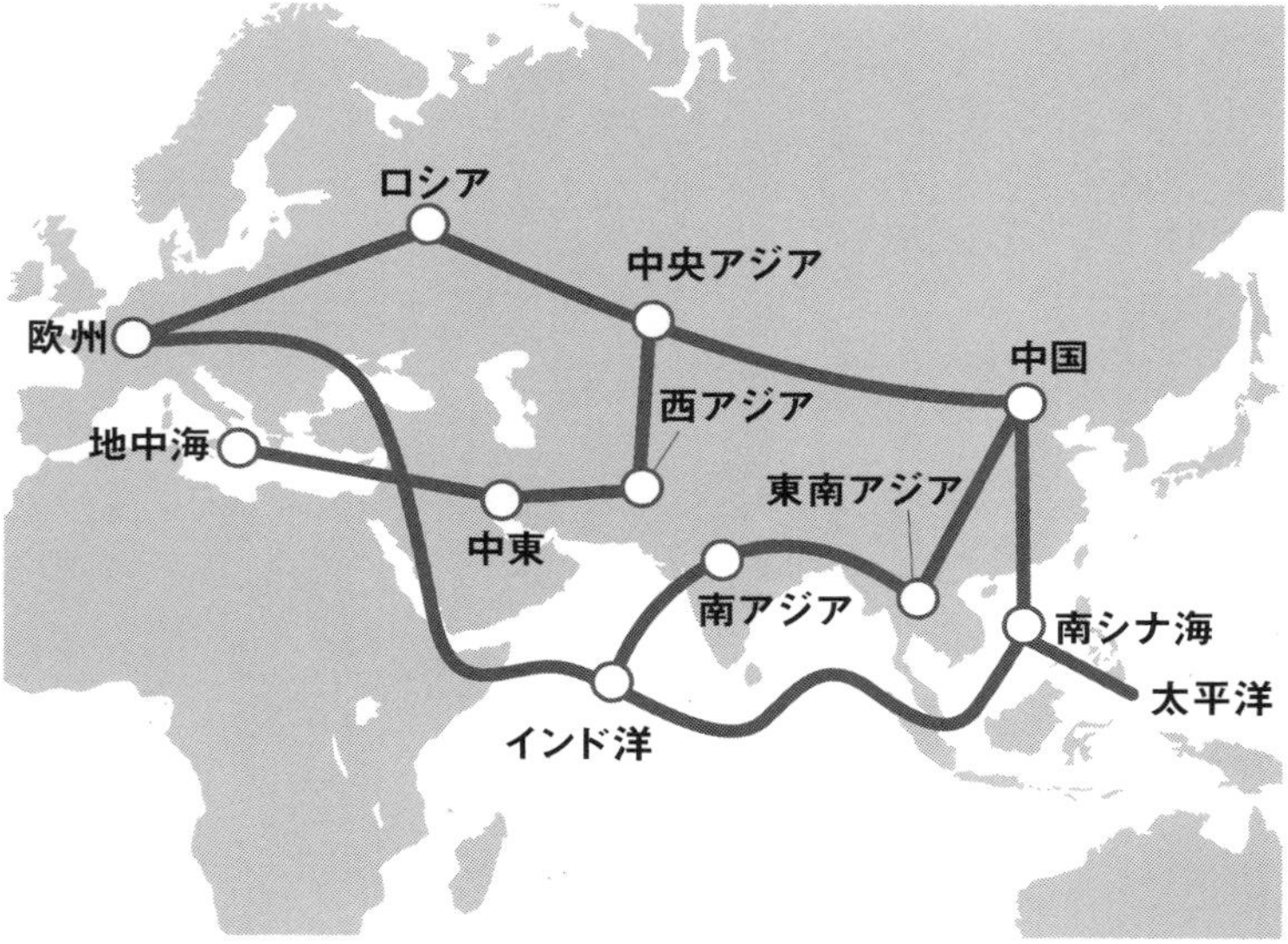

ーロッパへ伸びていくルート

② 中国の沿海港から南シナ海を通り、さらに太平洋へ伸びていくルート

この5つのルートに「六廊六路」を重ねる仕組みになっている。

「六廊」とは、六大国際経済協力回廊のこと。「新ユーラシア・ランドブリッジ」「中国・モンゴル・ロシア」「中国・中央アジア・西アジア」「中国・インドシナ半島」「中国・パキスタン」「バングラデシュ・中国・インド・ミャンマー」。

「六路」とは、鉄道・道路・海運・航空・パイプライン・情報網の6つを指す。

2021年6月時点の発表では、一帯一路における共同建設において、140

か国、32の国際組織と計206件の協力文書を調印しているという。

しかし、中国の一帯一路構想は、ウクライナ戦争で行き詰まりを見せている。ウクライナ戦争でますます孤立するロシアに対して、中国は強硬なプーチン氏の態度に時に困惑しながらも、基本的にはロシアを支援する姿勢を見せている。その態度に、ロシアに反感を持つ東欧諸国や西欧諸国が不信を募らせ中国と距離を置こうとしているのだ。

特に、今回のウクライナ戦争によって、中国とポーランドの関係が悪化している。ポーランドは「一帯一路」の鉄道網の重要なポイント。中国企業であるファーウェイの地域本部も置かれている場所だ。

中国とウクライナの関係も複雑だ。そもそも中国とウクライナの関係は深い。一帯一路構想にウクライナも加わると、中国企業がウクライナの港湾や地下鉄の整備事業を実施するようになった。そのため、ウクライナ側の統計によると、2020年におけるウクライナの輸出入のトップ国は、ともに中国となっているほどだ。

ウクライナ戦争で一帯一路構想の行方は混とんとしてきた。

■一帯一路の起源は余剰生産物の横流し？

中国が一帯一路構想を打ち出したのは、国内インフラ投資が一段落し、そのために作られた鉄鋼やセメントが余り始めた頃でもあった。２００８年の北京五輪に向けて中国は高速道路や高速鉄道などの国内インフラを急速に整備させた。北京五輪直後にリーマンショックが起こり世界経済が低迷。中国政府は自国経済が影響を受けないように莫大な景気刺激策を実施。そのほとんどがさらなるインフラ整備だった。この景気刺激策で国内インフラ整備が徹底され、中国経済が苦境に陥ることを防いだが、その後大量に鉄鋼やセメントが余ってしまった。これを使い果たすことが一帯一路構想の誕生理由の一つであった。

もちろん、世界主要経済で唯一リーマンショックを乗り越え、存在感を高めた中国がさらに世界にプレゼンスを高める目的もあった。特に中国と欧州を結ぶルートを整備するという構想は、中国を直接の脅威ではなく巨大な市場機会と捉えていた欧州諸国との連携を高める目的があった。つまりタイミング的に余剰生産物活用と世界的プレセンス拡大の一石二鳥だったのだ。

■アメリカに危機感を植え付けた海の一帯一路構想と債務の罠

一帯一路構想が欧州と中国との連携を高める構想になった最大の理由はアメリカの権益に対する配慮だ。覇権国家アメリカを刺激しないように、中国はアジア〜欧州〜アフリカを目指した。しかし、結果的にはアメリカを警戒させることになる。一つはアメリカが死守したいシーレーン上の国を「債務の罠」で取り込もうとしたことだ。

その代表例が「スリランカのハンバントタ港の運営権の中国への譲渡」だ。スリランカは、中国から融資を受けて自国内にハンバントタ港という大規模な港を建設。しかし、その債務の支払いに行き詰まり、建設した港の運営権を中国に引き渡してしまった。

これはアメリカが死守したいシーレーン構想ともろに衝突するのだ。シーレーンとは、交易や安全保障上で重要な意味を持つ海上交通路のことを指す。

中国の海の一帯一路構想は「真珠の首飾り」ともいわれる。ちょうどインド亜大陸を人の顔に例えた場合、まるでネックレスのように海上航路がつながっているからだ。これは、アメリカに警戒感を植え付けた。

他にもアメリカの研究機関「世界開発センター（CGD）」が2018年3月に発表した調査

によると、モンゴル、ラオス、キルギス共和国、タジキスタン、パキスタン、モルディブ、モンテネグロ、ジプチの8か国が、中国に対して一帯一路に関する債務リスクを抱えていると指摘している。

この様子が債権債務関係を使って、中国がかつて周辺国を支配した冊封体制（中国を中心とする周辺国を隷属させるシステム）を築いているようにも見えるのだ。

■ デジタル人民元を広める狙いは？

一帯一路構想はフィジカルな陸路と海路だけではない。六路の中にある「情報の道」、つまり「デジタルの道」もあるのだ。

「デジタルの道」の重要な役割を担うのがデジタル人民元だ。中国の中央銀行である中国人民銀行が、2022年の冬季北京五輪で外国人向けに提供するなど、技術としてはすでに実用レベルに入っている。

一帯一路のビジネスにおいてはデジタル人民元を基軸通貨として広めていくことを考えている。デジタル通貨になれば、あらゆる取引の情報を中国政府が収集することが可能となる。

一帯一路構想への協力文書にサインした140か国、32の国際組織のあらゆる金銭情報をコントロールできることにつながる。さらにデジタル人民元を使う個人や企業の資産や消費行動なども把握できる。まさしく監視が得意な中央集権国家好みのシステムを作り上げることを目指している。

量が質に変わった中国の次世代テクノロジー

「中国の技術や製品は日本やアメリカのモノマネ」

長く言われてきたことでもあるし、実際、このような考えを持つ人が多いのではないだろうか。結論から言えばノーである。量が質に変わってきているからだ。

過去の発明は除き、中国が持つ、昨今のトレンドとなっている技術の多くは、アメリカやヨーロッパ、日本に留学などして得たものであり、ゼロベースで独自に生み出したわけではない。そのためあくまでコピーであり、世界を驚かすような発明やテクノロジーは中国からは生まれない、と思われていた。もちろん、このような考えが正しい分野もある。

一方で、ＡＩなど大量にデータを取得・分析することでより良くなっていく分野においては、人口約14億３０００万人、さらには世界中で暮らす中国人の全データを得ることができる中国が、圧倒的に有利なのは説明するまでもない。

まさしく、量が質に変わる現象が起きているのだ。実際、ＡＩ領域では中国の技術はかなり発展している。他には２００７年に開通した高速鉄道がいい例だ。当初は新幹線のコピーだと揶揄されていたし、事故なども起き運行が不安視されていたが、今では高速鉄道の運営距離は約３万７０００キロメートルと、日本の約10倍もの距離になる。

鉄道網も桁違いだ。現在約２・５万キロメートルにも及び、世界の高速鉄道網の約３分の２に相当すると言われる。鉄道網は現在も伸び続けており、２０３０年までには３万キロに達するとも言われる。

運行車両も並行して増えていくだろうから、運営距離もあわせて伸びていくことになる。これだけの量の高速鉄道が中国のあらゆる地域を走り、データを得ているのだ。データを活用しブラッシュアップしていけば、技術が飛躍的に伸びることは説明するまでもない。

量だけではない。中国はあらゆる取り組みが国主導で行われるため、研究開発費など投入されるお金が莫大なことも大きい。当然だが、研究開発費が潤沢なほど技術は進化していく傾向にあるからだ。

このような背景からドローン、ＥＶ、代替肉などの領域においては中国がすでにトップだと言われている。中国が世界を牽引する分野は次々と現れている。

中国の技術革新は低迷へ？

しかしながら中国スタイルのイノベーション創発には限界が見えてきたと私は感じる。その原因は大別して二つある。一つは、国家主導の限界。もう一つは海外人材の枯渇や海外のイノベーション創発ネットワークとの断絶、である。

中国では国家、国有企業と国からの助成金が研究開発資金の元手である。中国のスタートアップ投資は国家が最大の投資家であり、全体の30％以上を占めている。しかも、習近平氏がテック企業をコントロールする意図を明確にしてから、２０１９年第１四半期から２０２２年同期にかけて、民間のベンチャーキャピタル投資は11％縮小した。一方でアメリカでは同じ期間で民間のベンチャーキャピタル投資は70％も伸びた。

そもそも、アメリカの研究開発費は、民間企業が約60％、ベンチャーキャピタルが約20％、財団や慈善団体、大学などが5％以上と、多様性がある。しかも中国の基礎研究への支出は研究開発投資全体の約6％で、アメリカの17％と比べると、3分の1程度となっている。

国家に将来のイノベーション創発の目利きができるであろうか？ ２０２２年10月に開催された第20回中国共産党大会を見る限り、習近平氏による独裁色はさらに高まり、習氏を喜ばせる、彼が好むような投資ばかり起こり、その結果は公表されない可能性がある。何が起こるかわからないイノベーション創発で、国家主導が続き、それが増えるとしたら危険な兆候だ。

グーグルの元CEOであるエリック・シュミット氏が主催する研究団体「特別競争研究プロジェクト」が2022年9月に発表したレポートによると、中国は5Gで優位に立ち、世界のリチウム電池の約80％を生産する。しかし、バイオテクノロジー、クラウドコンピューティング、AIでは欧米が優位に立つという。中国は成果目標が明確な分野には強いが、そうでない分野では弱いことがわかる。量の投入で勝負の行方が見えるような分野では中国式の国家主導イノベーション創発が機能するが、いくら量を投入しても、勝負の行方が簡単に見えないような分野では機能しない。

中国がコロナ禍で海外人材をブロックし、さらに習近平氏が「中国式経済」にこだわることで、今後中国では海外からの投資や人材獲得に大きなブレーキがかかるだろう。また中国人留学生も欧米の研究機関やテック企業ではさらに警戒されるだろう。中国人研究者と外国人研究者のコラボも激減していくだろう。

シンクタンク「マクロポロ」によると、世界最高のAI研究者の6割はアメリカで働いているが、その3分の2以上は外国人（しかも4分の1以上が中国人）である。これに対し、中国は圧倒的に国内の人材に頼っておりその7割は海外での研究経験がない。

アメリカの研究開発はその分散型システムゆえに、イギリス、フランス、ドイツ、日本など他の技術先進国とコラボしている。つまり、アメリカはこれら同盟国と連携しての研究開発資金を合計するとさらに中国を引き離す。中国には習近平氏が同盟国と考える、技術先進国がほとんどない。

中国式イノベーション創発は、電池開発、ドローン製造、高速鉄道、電気自動車などで優位を発揮してきたが、将来を担う、ＡＩやバイオなどの分野では徐々にアメリカをはじめとする世界各国から遅れてしまう可能性がある。

習近平氏への権力集中は何をもたらすか？

私は習近平氏と会ったことがある。２０１７年に開催されたＡＰＥＣでの首脳たちとの晩餐会である。私のテーブルは彼の斜め後ろであった。習近平氏は珍しくメガネをかけていた。彼に近づく人はいなかったので勇気を出して近づき、握手をした。彼はとてもシャイな感じだった。ただ、クマのような分厚くて大きな手のひらが印象的だった。政治家は唯一の肉体的接触機会として握手して相手の様々な情報を入手する。かなり手強い印象しか残らなかった。

2022年10月に開催された第20回中国共産党大会では、異例の3期目就任が決まった習近平氏への権力集中が目立った。最高指導部に当たる政治局常務委員は7人中7人が習近平派。また、新任の政治局員24人のうち、20人が習近平派とされる。多くは、習近平氏が赴任していた「福建省」「浙江省」「上海市」で出会った部下たちだ。

二代前の国家主席江沢民氏は利権で統治をした。中国の高度経済成長で生まれた多くの利権を、側近たちに配分し、基盤を固めた。それを徹底的に破壊したのが習近平氏だ。

習近平氏は就任後から「反腐敗闘争」の名のもと、江沢民氏が築いた利権の帝国に手を突っ込み、徹底して利権にまみれた幹部を粛正した。習近平氏の就任以来、政府・軍・党幹部の腐敗汚職などによる立件はなんと380万件以上。うち高級幹部は2万2000件以上となった。粛清された多くの幹部は無期懲役を含む長期懲役、調査中死亡、調査中自殺などが相次いだ。

コロナ禍の厳しいゼロコロナ政策も習近平氏の求心力を高めたと言われる。機動的なリーダーシップと死者を最小に抑え続けている点を評価する国民も少なくないという。

自身への権力集中を目指す習近平氏のモデルは毛沢東氏であると言われる。故毛沢東氏への権力集中の弊害を反省して、鄧小平氏らが集団主義体制を築いてきたが、習近平氏は、今の中国の問題は、一人のリーダーが強い指導力を発揮することでしか解決できないと思っているように見える。

民間企業や芸能人らの影響力を制限し、自身の思想と力を社会の隅々まで波及させ、経済や社会をコントロールしようとしている。しかし、これは大きな挑戦だ。今の中国の人々は改革開放後にそれまでになかった自由を得て、海外へ出て見聞も広めている。その人たちに毛沢東時代のような個人崇拝に基づくコントロールは不可能だろう。

そして民間活力を制限することは、今後人口減少や高齢化に苦しむ中国経済の活力をさらに削いでいく。海外との経済交流や人材の行き来を制限することになると、改革開放以来中国が海外から獲得した技術やイノベーションが今後は減少していくことになる。中国だけで今後世界と競える技術革新を実現するのは今の段階では厳しいだろう。今までのような経済成長がただでさえ望めない中、民間活力が国家統制により今より低迷すると、中国の抱える財政問題は深刻さを増す。加えて、今後破壊的に猛威を振るうであろう気候変動。すでにその直撃を受けている中国は、今の防災技術では同時発生する洪水と干ばつなどの被害に対応できないだろう。

人口が増加していた毛沢東の時代と違い、一人っ子政策のせいで親や祖父母の子供の命への重要さの意識が激変したのに、多くの災害被害者や失業者や生活困窮者を出したら、監視を強めるだけでは統治不能になるかもしれない。

我々が備えなければならないのは、さらに強権的になった中国が統治に苦しめば苦しむほど、国外にはけ口を求める可能性が高まることだ。国民への監視は増すが、情報開示は減りそうで、国民の政府へのストレスは増すだろう。このストレスをガス抜きするために、論理的ではない行動に出ることがあるかもしれない。そのシナリオは第20回共産党大会を見る限り高まったと言える。

香港問題――失われない重要性

中国の南岸、南シナ海に面した湾岸ならびに、260を超える島々からなる香港。広さは東京都の半分ほどで、そこにおよそ750万人が暮らしている。元々中国の領土であったが、1842年にアヘン戦争に勝利したイギリスは、当時の清朝と条約を交わし、香港と九竜市街地を植民地化。この時期の香港の発展を支えたのが、極東地域との中継貿易。輸入した物品を一時保管した後、あるいは若干の加工を施したのち再輸出する貿易のことを中継貿易という。

元々天然の良港だった香港が中継貿易港として発展した。香港島周辺の海は十分な水深があり波も穏やかだった。そして背後に中国という巨大な市場があった。その後香港は見事に工業化に成功し、それまでの「中継貿易港」から、「加工貿易港」として付加価値化に成功。元々香港は繊維産業が盛んだったが、電子産業や玩具産業へと、軽工業化を進めていった。

世界有数のコンテナ港を擁する香港は、依然として主要貿易拠点であり続けている。今では貨物を荷揚げせずに書類手続きや決済のみを実施するオフショア貿易が盛んであり、貿易総額は香港のGDPの3倍もの規模になった。中国にとって最大の市場はいまや米国からASEANに変わり、香港にとっても、中国を除けばASEANが最大の貿易相手国となった。アジア各国にとってますます香港の貿易港としての重要性は増している。

金融分野では、今でもアジアナンバーワンで世界有数の強力な力を持つ。しかも、中国本土の金融市場の活力を享受できる。中国本土でも金融センターとして上海などが力をつけてはいるが、グローバル市場への知識や経験が香港はけた違いに豊富である。香港は今後とも世界と中国との重要な懸け橋としての役割を果たしていくだろう。

ヨーロッパが中国への警戒を強める

欧州の脅威はロシアであり、欧州から見て中国は巨大な市場にしか見えなかった。ロシアとの戦争は数あれど、離れている中国と戦争したのは、アヘン戦争でイギリスが中国を蹂躙した記憶しかない。人口が高齢化し、移民は受け入れているものの、市場がそんなに拡大しない欧州。かつて植民地にしていたアフリカは今後有望市場として期待できるが、その経済的リターン実現にはもう少し時間がかかる。その時に巨大な機会として登場したのが中国である。

中国の市場、中国からの観光客は、欧州を大いに潤した。脅威ではないので、高速鉄道や自動車などの製造業で積極的な技術供与やコラボを積み重ねていった。特に、ドイツやフランスは熱心であった。ＥＵ諸国で「一帯一路」覚書を締結しているのはギリシャ、ポルトガル、マルタなど15か国。欧州の中核国イタリアが16番目になり世界に衝撃を与えた。ただ、フランスやドイツは中国の市場開放が先として覚書締結を先送りしている。

一帯一路構想をファイナンスする主体としてＡＩＩＢ（アジアインフラ投資銀行）が２０１４年に設立されたが、アメリカが警戒を促す中、こちらにはイギリス、ドイツ、フランス、イタリア、スペインなどヨーロッパの中核国が参加を表明。

ヨーロッパは昔から中国との関係はよかった。日本や世界の海を牛耳っているアメリカとは異なり、欧州は、中国を脅威とは感じていないからだ。反対に、中国側としても、ヨーロッパが安全保障、軍事的な攻撃を仕掛けるとは、同じく距離、地理の観点から思えない。

だが、ここに来て風向きは大きく変わりつつある。EUは2016年には「成長著しい中国との協力体制を構築し経済的なメリットを享受する」との方針を発表したが、2019年には「中国をパートナーであると同時に初めて『競合相手』と位置付ける」と対中戦略を見直した。欧州各国で中国企業による買収が相次ぎ、中国への警戒が強まったのだ。

加えて、先述した通り、ロシアによるウクライナ侵攻とそのロシアに対する中国の対応に、欧州諸国は不信感を強めている。アジア市場を重視する欧州は、NATOの結束強化をきっかけにアメリカとともに台湾有事などアジアの地政学リスクへの対応も始めている。ウクライナ戦争の前の2021年から、アジア太平洋の安定への貢献の名目でイギリス、オランダ、フランス、ドイツが相次いで自国の艦船をアジアに派遣している。

この背景にはアメリカ第一主義だったトランプ大統領が去り、同盟国重視のバイデン政権が誕生したことも寄与している。その経済力を背景に、欧米分断を果たしていた中国だが、自国を取り巻く国際環境は徐々にだが確実に変わってきている。

■ 中国は「宗教の中国化」を目指す

中国で公認されている宗教は道教、仏教、イスラム教、キリスト教カトリック、キリスト教プロテスタントの5つ。これらを5大宗教という。

胡錦濤国家主席時代は、政府による宗教管理の法制度化を進めたものの、宗教に対して比較的寛容で第17回共産党大会で「宗教界の指導者や信者には経済社会の発展に積極的な役割を果たしてもらいたい」と宣言した。ただ、過去、自身や家族の信教について公言する指導者もいたが「共産党員は個人としての宗教を持ってはいけない」と明確に党則に記されている。

習近平氏は「宗教の中国化」を目指す。2015年の中央戦線統一工作会議で初めて「宗教の中国化」をうたい、社会主義の価値観に沿って信者を導き、宗教の教義解釈を中国のナショナリズムと親和性の高いものにすることを求めた。欧米イデオロギーと宗教原理主義の浸透を防ぐことも目指した。

中国国家が宗教への警戒を強めている理由の一つは宗教がらみの事件が増えているからだろう。2014年に山東省のマクドナルドでキリスト教系の「全能神」という宗教グループが自分たちの宗教勧誘に応じないという客を撲殺する事件が起きた。この全能神という宗教は中国国内で100万の信者数に迫っていた。放置すれば国家運営に打撃を与える恐れがあったと判断。その後弾圧を加えている。

「法輪功」も声高に共産党への抗議をしているので、中国政府はこれらの宗教を邪教に指定し、表立った弾圧を行なっている。

しかし近年、弾圧の対象は中国政府が邪教に指定している宗教だけではなくなった。

2013年以降の主な宗教関連の事件としては、

2013年　天安門広場でウイグル族によるテロ
2014年　新疆ウイグル自治区カシュガルでウイグル族がモスク指導者を殺害
　　　　浙江省で十字架破壊活動始まる。中国各地で反クリスマス運動
　　　　教育機関のクリスマス活動禁止
2015年　浙江省で十字架取り壊し広がる
　　　　チベット仏教管理強化。当局が僧院に常駐。19歳以下の僧侶追放
2016年　浙江省でプロテスタント教会に中国国旗掲揚と監視カメラ設置要求
　　　　四川省のチベット仏教施設強制撤去
2017年　モスクへの監視カメラと中国国旗の設置、イスラム旗撤去
　　　　河南、江西、山西で十字架強制撤去

中国政府は中国国民に対して「共産党のみを信仰の対象とすべき」としたいのだろう。中国とビジネスをする場合、宗教の話はしない方がベターだ。

習近平氏VS長老

2022年10月に北京で開催された、中国共産党の最重要会議、第20回共産党大会で史上初の3期目を確定させた習近平氏。その強権的指導力を脅かすものは国内にはないのか？腐敗対策を名目に政敵をつぶしてきた習近平氏。その強権的に見える手腕に死角があるとすれば、その一つは党の長老たちだろう。長老とは、主に引退した最高指導部メンバーを指す。存命の長老は20人弱だが、大半は80歳以上と高齢だ。故毛沢東氏への権力集中と個人崇拝が中国を大混乱に陥れた文化大革命（66〜76年）につながった反省から、権力集中をけん制する役割を担っている。

2022年3月の米紙ウォール・ストリート・ジャーナルは15日、中国の朱鎔基（ジューロンジー）元首相（93）が、「習近平国家主席が今年後半の中国共産党大会で政権3期目を発足させることに反対する意向を示した」と報じた。その朱鎔基氏は第20回共産党大会で姿を見せなかったことで憶測を呼んだ。

2022年9月の香港紙「明報」によると、4月には105歳を迎えた最長老の宋平氏が「改革開放は中国が発展する過程で必ず通らなければならない道だ」と発言した。暗にゼロコロナ政策を批判したとも言われる。

長老たちが現指導者に物申す機会としては、他に、河北省のビーチリゾート「北戴河」で毎年夏、開催される北戴河会議がある。ただ、これは非公式会議という位置付けで、協議内容はおろか日程や参加者もほとんど公表されない。3期目就任は決めたが、長老たちにより、習近平氏がもくろむ、毛沢東以来の個人崇拝化は阻止されたとも言われる。今後のコロナ対策や経済運営によっては、これから長老たちのけん制の巻き返しにあって、意外に苦労するかもしれない。

台湾有事はあるのか？

結論から言えば、現時点では、中国が台湾を武力で統合するために軍事侵攻を開始する可能性は低いと見る。もちろん、過去の偉大な政治家が言うように、重大なイベントほど、「未来には、今予想しなかったことしか起きない」ので、今のところ確率は低いとはいえ、もちろん本当に何が起こるかはわからない。

世界の叡智と最新のデータが集まる世界経済フォーラムでさえ、「中国の経済失速」「イギリスのEU離脱」「トランプ大統領誕生」をすべて外した。

ただ、現時点で冷静にファクトで判断すれば台湾戦争が5年以内に起こる可能性は相当低いと思う。

私が台湾有事が起こる可能性が低いという根拠を以下に挙げる。

- 習近平氏には軍事行動について失敗は許されない
- 100パーセント成功させるには中国側の軍事力がまだまだ足らない
- 人民解放軍は多数の死者を出すことは許されない
- 自暴自棄に陥るロシアと違い中国は自国に将来性を感じている
- 中国は今後も時間を味方として使うことができる

中国では指導者が掲げた大目標は一度掲げられたら後で撤回・変更するのはほぼ不可能だ。習近平氏でいえば、ゼロコロナ政策がいい例だろう。もし台湾への軍事作戦を一度宣言したら習近平氏には撤退も失敗も許されない。これはとてつもないプレッシャーであり、相当の自信と根拠がなければ踏み切れないだろう。

島国は天然の要塞だ。特に台湾近辺は崖がちで上陸は容易ではない。最低でも3倍〜5倍の勢力がいる。台湾はアメリカの最新兵器で迎え撃つ。しかも一人っ子政策の結果、かつての中国のように一家に5人も6人も子供がいるわけでなく、大切な一人しかいない。両親、両祖父母が溺愛しているわが子（しかも中国社会では今でも男の子は一族に大きな意味を持つ）が戦場で大量死したら、世論は政府転覆へ暴動を起こしかねない。被害をほぼゼロにして台湾を確実に制圧する力は、中国にはまだ不十分だ。

経済や国家的地位が凋落傾向にあるロシアと違い、中国はまだまだ上り調子で国家として世界最大の経済力を持つことが予定されている。ロシアのように危険なギャンブルに打って出る動機はない。時間をかけて国力を蓄え、軍事力を増強し、アメリカ内政に介入しながら様子を見て、「戦わずして勝つ」機会をうかがうのが得策と判断しているのではないか？

現時点で私が考え得る、近い将来、もし台湾をめぐって軍事衝突が起こり得る可能性があるとすれば、「アメリカ、台湾のミスカリキュレーションで中国側が軍事行動を引き起こしてしまい、引き返せなくなる」だと思う。ミスカリキュレーションを防ぐ唯一の手立ては緊急事態でのコミュニケーションチャネルを普段から確立しておくことだ。エスカレートする米中対立の中、米中間でこのチャネルが劣化しているとアメリカサイドも感じている。このチャネルを日本やシンガポールなどが補完する重要性が増している。

別の世界に行きそうな中国は要注意

2022年10月の第20回中国共産党大会で衝撃的な光景が世界に発信された。前リーダーの胡錦濤前国家主席が習近平氏のボディーガードに両腕を抱えられて退出させられた映像のことだ。胡錦濤氏は習近平氏の任期延長に慎重だったという。さらに激しい物言いで習近平氏の任期延長に反対していた朱鎔基元首相は共産党大会に姿を見せなかった。

指導者層に選ばれたメンバーは有能さより習近平氏への忠誠心が重視された。2022年10月23日に公表された政治局常務委員のメンバーの中の最高序列3名を見ればそれがよくわかる。李克強首相の来年3月退任後、次期首相が濃厚なのが李強氏（63）。上海市トップの党委員会書記として、大混乱を招いた約2か月に及ぶ新型コロナウイルス対策のロックダウン（都市封鎖）を指揮した。李強氏の登用は、習氏への忠誠心が最大に尊重されていることの証明である。

全国人民代表大会（全人代、国会に相当）常務委員長となることが予想されるのが趙楽際氏（65）。趙楽際氏は党中央規律検査委員会書記として、この5年にわたり習氏の政治的ライバルを追放するために、反腐敗の取り組みを主導してきた。規律検査委員会書記の前は党中央組織部長を務め、習近平氏の側近を昇格させることに貢献した。

国政助言機関である人民政治協商会議主席には王滬寧氏（67）が予想される。復旦大学の法学院長を務めた王氏は、党内屈指の理論家。習近平氏のスローガンを考案してきた。

習近平氏の任期延長の唯一のハードルだった胡錦濤氏や朱鎔基氏ら長老たちを抑え込み、その抑え込む姿を西側のメディアにも公開した点は興味深い。習近平氏は新しい常務委員を発表した後、「中国式現代化によって中華民族の偉大な復興を全面的に推進しなければならない」と語った。中国式現代化について、習近平氏は「中国の国情に基づいた特色のあるもので、14億の人口を抱える中国の発展の道筋には〝必然的に独自性がある〟」と強調。一説には食糧、エネルギー、テクノロジーなどをすべて中国の中で完結させる準備をしていると言われる。

しかし、習近平氏は第20回共産党大会では、同時に「中国の発展は世界と切り離せず、世界の発展も中国を必要とする」とも言っているので、完全に世界と切り離されたものにはならないと思うが、今の世界の経済システムから少しずつ脱却していく可能性はある。イエスマンの側近だけで身内を固める習近平氏が、ロシアの継続的な政治的・経済的凋落から将来を絶望気味のプーチン氏のような「裸の王様の暴走」状態にはならないとは思うが、警戒はすべきだ。

人類史で最長の高度経済成長を達成し、人類史上最大の規模の国民を貧困から脱出させた点は私は中国にリスペクトを持つが、今後は高齢化や人口減少や地球温暖化や深刻な負債問題などが中国経済を襲ってくる。あまりに西側と分断された経済運営を行なうと、中国がそれらの課題を解決することが難しくなり、逆に西側の経済も巻き込んで世界的な経済の難局を作り出してしまうかもしれない。西側が行なったような経済改革をやっていかないと中国は「中進国の罠」にはまり、２０６０年代まで米国経済を抜けなくなるとも言われる。中国が自国の未来に悲観的になればなるほどプーチン氏のような恐怖と名誉を焦っての暴挙に出てしまう可能性もある。ここは要注意だ。

ロシアの地政学

「不凍港」を求めて常に他国へ進出

ロシアは世界一の国土の広さで、日本の国土の約45倍の約1710万㎢。東西に長く、11ものタイムゾーンがあり、同じ国内でも時差は最大10時間もある。地理が決まれば気候も決まる。ロシアの国土の約60％は永久凍土である。そしてその国土の80％は無人である。

あり余るほど国土が広く見えるが、その国土の80％が人が住めない場所なのだ。地球儀や地図を見て、「なぜあんな広い国に住みながらまだ領土を拡大しようとするのか」と思う人もいるだろうが、その2割しか人が住めないとしたら世界も違って見える。

食糧生産や居住には適さない環境であるが、鉱物、石油や天然ガスなどの資源は豊かで、経済の根幹ともなっている。

しかし、居住可能なその2割の国土に190を超える少数民族を抱えているのだ。自分たちとは慣習や言葉も違う人たちが多く住んでいるのだ。中国と重なるが、国境を隣接する国が14と同じく多く、国内や国外に多くの緊張を抱えているのだ。

居住や食糧生産に適した領土に加えて、凍らない港、不凍港を求めて南方や西へ進出するのが、ロシア地政学の大鉄則であり、進出する度に戦争を繰り返してきた。進出ルートは伝統的に5つある。

- シベリア・ウラジオストクルート
- バルト海ルート
- ヨーロッパ陸ルート
- 黒海ルート（クリミア半島）
- インド・アフガニスタンルート

1853年から行なわれたクリミア戦争は、ロシアが黒海ルートを使って南下し、黒海沿岸の支配権を得たいために起きた戦争だ。今まさにロシアとウクライナの戦いでも要所とな

図表14 ロシアの海外進出ルート

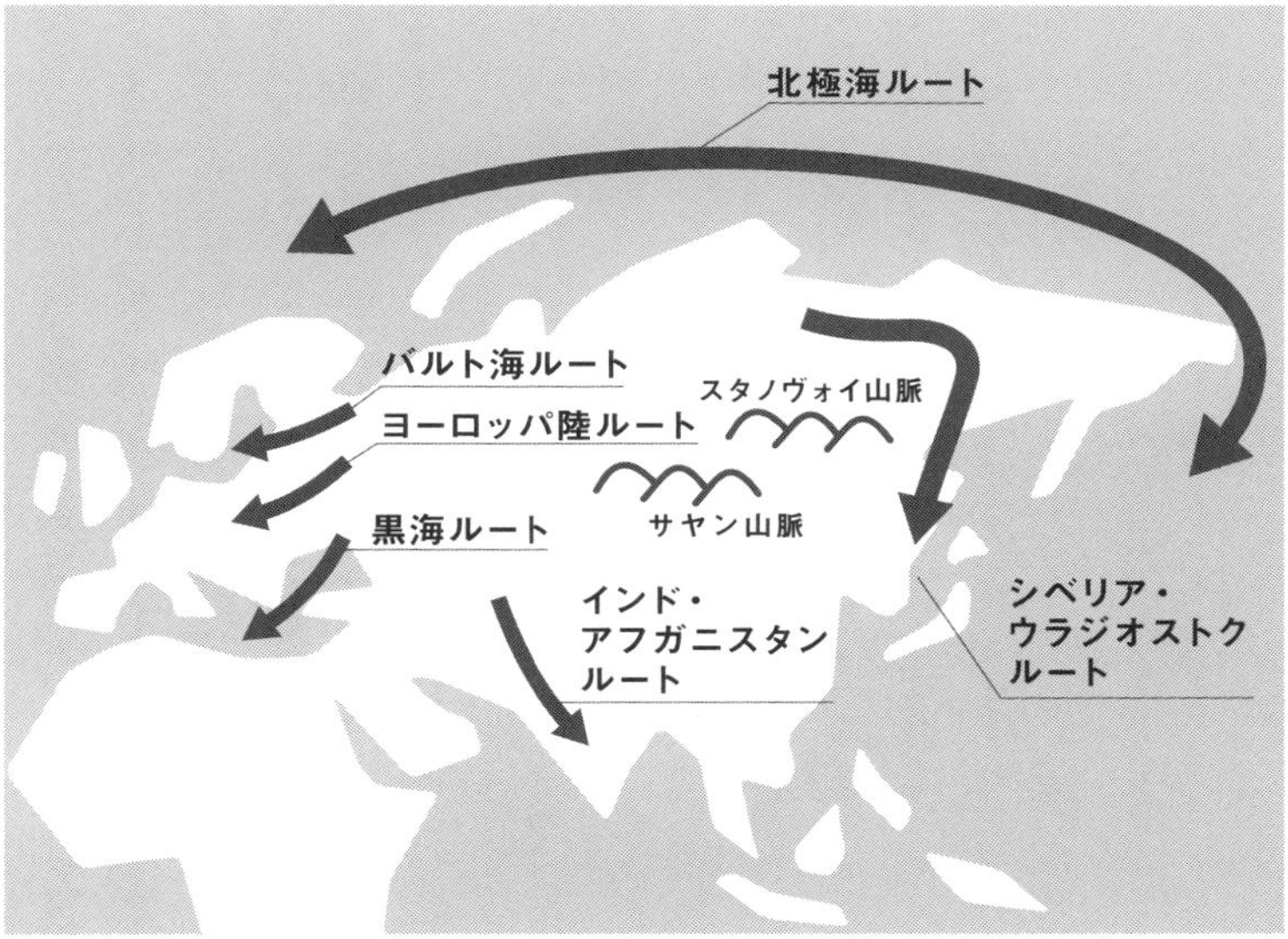

っている箇所であり、歴史は繰り返されていることがわかる。

クリミア戦争でのロシアの相手は現在のトルコ、オスマン帝国であった。オスマン帝国はロシアとは異なり、多くの国と隣接していながらも、イスタンブールという交通の要を持ち、地中海にも面するなど地の利が良い国であった。だからこそ、中東から西アジアまで広がる大帝国になったのである。

当初はロシアとオスマン帝国のみの対立であったが、オスマン帝国を支援しようと、フランスやイギリスなどが参加。結果、ヨーロッパ諸国を巻き込んだ対ロシアの大規模戦争へと発展していった。

結果、ロシアはクリミア戦争で敗北。

すると今度は目を東方に向け、ウラジオストク周辺の制圧を目指す。ウラジオストクとは、ロシア語で、「ウラジ＝ヴォストーク」で、〝東方を征服せよ〟を意味する。1860年、ロシアは北京条約で獲得した沿海州の日本海に面した港としてウラジオストック港の建設を開始。実際、ウラジオストクは現在に至るまでロシアの主要な、特にアジアに出向く際の港湾として機能している。

ウラジオストック港を建設すると、ロシアは首都モスクワに直結する鉄道の建設を始めた。それがシベリア鉄道だ。その極東の起点として、1891年にウラジオストクで皇太子ニコライ（後のニコライ2世）を迎え、起工式が行なわれた。

シベリア鉄道本線の完成は、日露戦争開戦後の1905年であったが、ロシアは、1898年に旅順・大連の租借と、東清鉄道のハルビンから旅順に至る南満支線の敷設権を獲得していた。この南満支線の完成は1904年の日露戦争開戦の直前であったが、ロシアの東方への膨張政策は日本にとって大きな脅威であったため、日露両国は日露戦争で衝突した。

工事着工から25年ほどの1916年、モスクワからウラジオストクまでの9289キロメートル全線が開通。開通から100年以上経った現在でもシベリア鉄道は運行を続けており、ウラジオストクからモスクワまでを7日間かけて走行。世界一長い鉄道である。

イギリスの介入で日本に敗れ革命で帝国崩壊

東に進むロシアに危機感を持っていたのが、当時の覇権国家でアジアでの利権を独占したいイギリスだった。ロシアの東方進出を抑えるべく使ったカードが欧米列強に割って入る形で急伸していたアジアの新興国日本だ。

まさに地政学の「一位、三位連合で二位をつぶす」戦略である。当時、アジアで欧米列強に追い付け追い越せの勢いを誇っていた日本（三位）に対してロシアへの危機感をあおる情報を提供し、ロシア（二位）との開戦に向かわせたのだ。

ロシアの東方進出、特に朝鮮半島をめぐる動きに神経をとがらせていた日本に、情報と資金と兵器を提供したのがイギリスだ。世界における最強国の一角であったロシアが新興国家日本に敗れると見ていたものは少なかったが、7つの海と金融を押さえるイギリスのサポートは大きかった。加えて、日露戦争中に第一次ロシア革命がぼっ発し、日本との戦争に集中できる体制ではなかった。さらに、日本が最大の脅威として恐れたバルチック艦隊の遠征に、イギリスが陰に日向に介入し、日本海に到達する前に疲弊させた功績も大きかった。1917年にロシア革命でロマノフ朝は崩壊した。

「ハートランド」と「リムランド」

1904年に地政学者マッキンダーが提唱したハートランド理論。ハートランドとは、ユーラシア大陸の心臓部あたりの地域を指す言葉で、現在であればまさしくロシアはハートランドの中心に位置する。人が住むには厳しく文明は発達していないが、このエリアを押さえるものがユーラシア大陸を押さえ、世界の覇権国になるというのがマッキンダーの考えだ。ピボットエリア、とも言われる。

このハートランド理論を踏まえた上で、アメリカの学者ニコラス・スパイクマンが提唱した新たな地政学理論がある。「リムランド」だ。ロシアの歴史は常にリムランドへの侵攻の歴史だったため、ロシアの地政学を語る上で切っても切れない理論である。

リムランドのリムは「周縁」を意味し、ハートランドの周縁、南西から南東に位置するエリアを指す。ハートランドのように鉱物や石油などのエネルギー資源には恵まれていないが、逆に、一般的には雨が多く水が豊かで気候が温暖な地域が多いため、人が定住しやすく、農業からその後の二次、三次産業まで発展しやすい。

具体的には地図の通り、東南アジア、中東、ヨーロッパを指す。そして、これもリムラン

図表15 ハートランドとリムランド

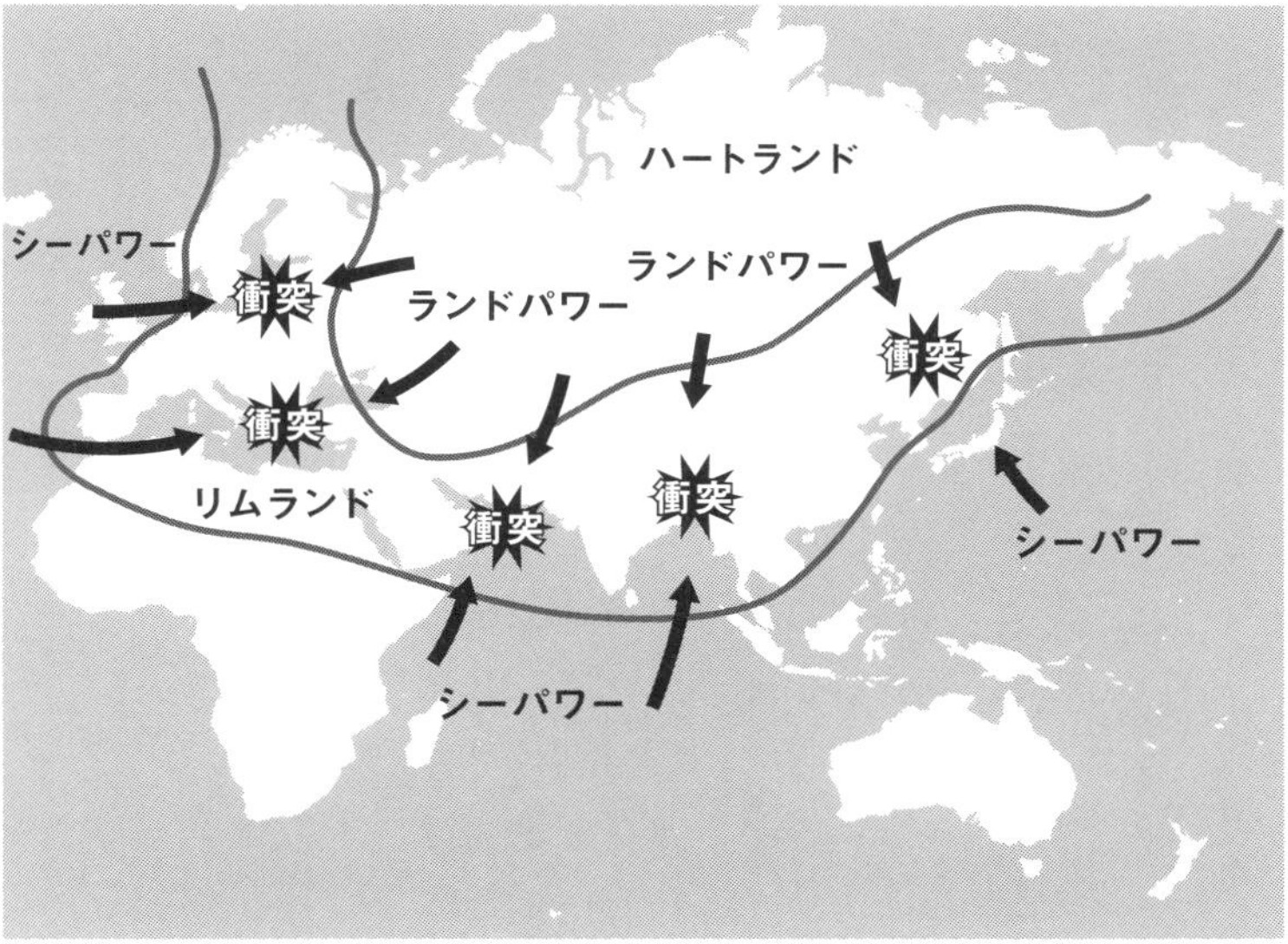

ドの特徴であるが、海沿いであるため海外との海洋貿易などが盛んで、情報が多く入るため、文化的にも発展しやすい。しかも、リムランドにはステップ気候がなく、騎馬民族が居住しなかった。屈強で機動力ある騎馬民族に定期的に襲撃されることもなく、文明も社会も途中で破壊され尽くすことがなかった。また、人口が多いのも特徴だ。

なぜ、ハートランドを押さえたものが世界を制覇するとマッキンダーは考えたのか。資源だけでなく経済、人も兼ね備えた地域であるアジア、中東、ヨーロッパすべての場所へつながる拠点がハートランドだからである。実際、世界の人口の約7割、GDPも同様に7割ほどを、ユーラシア大陸は抱えている。

地政学的な国の特徴を示すシーパワー、ランドパワーと紐づければ、ハートランドに位置する国はランドパワーに、沿岸部のリムランドに位置する中小国は、シーパワーになりやすい。オランダ、スペインなどはまさにそれである。

リムランドはロシア・中国といったランドパワー大国と、シーパワー国家（その背後に構えるアメリカも含め）との衝突の場所でもある。だから、ニコラス・スパイクマンがリムランドを提唱して以降は、リムランドを制したものが世界を制する、とも言われている。だからこそロシアに限らず中国も、是が非でもリムランドの小国を押さえたいのである。

■ハートランド理論の限界

一方、ハートランド理論には異論もある。ハートランド理論は、端的に言えば以下の三段論法である。

東ヨーロッパを制するものはハートランドを制する→ハートランドを制するものはワールドアイランドを制する→ワールドアイランドを制するものは世界を制する。

しかしながら、今日の覇権国家、アメリカはハートランドを押さえているわけではない。

今のロシアが西方に拡張してハートランドを支配しても世界を制することになりそうもない。

ハートランド理論は陸上輸送に固執し過ぎて、海上輸送や航空輸送を十分に考慮していない。現在の物流の95％以上は海上輸送である。海上輸送や航空輸送を押さえるもの、つまりチョークポイント、シーレーンを押さえるものが世界の物流を押さえる。そして情報（金融）経済やデジタル経済の登場まで予測できていなかった。武力でユーラシア大陸中央部を押さえることより、情報（金融）やデジタル空間を押さえるものが、世界に影響を与え続けるのが現代だ。そのデジタル情報も99％は海底ケーブルに依存している。海底ケーブルを敷設しそれを監視できるものが世界に影響を与える。武力よりも、自らが主導権を握れる巧みな世界秩序を構築できるものが世界に自国に有利な形で影響力を確保できるのだ。

マッキンダーは、イギリス人であることもあり、ドイツとロシアを極度に警戒していた。ハートランド理論は、ロシアとドイツを囲い込むために政治的に地理を利用した理論であると言える。ロシアやドイツに注目し過ぎたために、アメリカや日本の台頭を見逃したとも言える。

ロシア・ウクライナ戦争の本質 1

第一次大戦との酷似

この原稿を書いている2022年9月時点、世界中の軍事関係者がロシア侵攻開始後2週間ほどでロシアの勝利で終わると見ていたウクライナ戦争は続いている。今やこの戦争が今後短期に終結すると考えている識者はもういない。

注目すべき点は、世界最初の大戦争であり、軍人以外の死傷者も大勢出した第一次世界大戦との酷似だ。当時は「ロシア・ウクライナ戦争」が起こった時の状況に酷似していた。実際、第一次世界大戦がぼっ発した当初に撮影された写真や映像に映る兵士の表情や言葉からは、「長くかからない戦争だからすぐ国に帰れる」と、余裕の表情を浮かべているのが見て取れる。

以下、その他の酷似点である。

- 普仏戦争以降50年近くにわたり平和な時代が続いていた
- 史上空前のグローバル経済で各国の相互依存度は過去最高
- 戦争は経済的に誰の利益にもならないと誰もが認識していた

- 各国が国内の内紛を抱えていた
- タンジール事件、ボスニア危機、アガディール事件などの列強衝突が起こっても国同士の戦争に至ることはなく、リーダーや識者ほど戦争は絶対に起こらないとの確信があった

ところが、第一次大戦は起こったのである。当時、戦争をしたいと考える好戦的なリーダーもいなかった。では、なぜ起きたのか。

かつて栄華を極めたイギリス、フランス、ロシア、オーストリア・ハンガリー、イタリアなど列強だが、新興国ドイツやアメリカを除き、第一次大戦直前頃には国家的地位が凋落気味であり、これ以上の凋落は国家の存亡の危機と焦燥感があった。この焦燥感が第一次大戦を引き起こしたのである。

ここが今回のロシアにも言える。米ソ冷戦で主役を演じてきた自称超大国ロシアが米中対立の前に脇役に追いやられている状況にプーチンは焦燥感があったのだろう。これ以上欧米に差を付けられず、ロシア帝国復活を演じることでプーチンはロシアの国際的地位の向上と国内の支持を回復したいものと考えられる。

世界史の授業でも、サラエボ事件（サラエボに視察に来ていたオーストリア・ハンガリー帝国の皇太子がセルビアの民族主義者の青年に暗殺された）が号砲となったと言われるが、この事件が起き

た時点でも、当時の株式市場を見ても、誰もが世界大戦に発展するとは思っていなかった。オーストリア・ハンガリー帝国がセルビア王国を蹂躙してすぐに終わると見られていた。ところが事件から1か月後から欧州列強が出兵してしまい、そこから4年も戦争が続き、2000万人とも言われる人命が失われている。

この背景には列強間の意思疎通の不足とミスカリキュレーションの多発があったとされる。誰も戦争はしたくなかったが、「戦争は起きない」、「多少の小競り合いはあっても拡大しない し、続かない」、「ずっと平和が続いていて戦争が起きた方が経済的にも皆にとってもよかった」との思いがリーダーや識者に蔓延し、そのためミスカリキュレーションの連続となったという。

今のところウクライナ戦争は多くの国を巻き込んだ世界大戦とはならないと思う。しかし、その可能性はゼロとは言えないのでミスカリキュレーションが起こらないよう、経済制裁に加わらない大国である、中国やインドの役割が大切である。その意味で米中関係が悪化しているのは懸念される。ウクライナ戦争が続く中で、中国とアメリカでミスカリキュレーションが起こり、中国がアメリカを二正面作戦に引きずり込めば台湾をほぼ確実に手に入れられると判断したら世界大戦に発展するかもしれない。また、可能性は今のところ低いが、プーチンが核兵器や生物化学兵器を使えばこの戦争の様相は激変してくる。

ちなみにこの大戦に合わせてスペイン風邪のパンデミックが発生していた点もコロナパンデミックが起こった現在と酷似している。

ロシア・ウクライナ戦争の本質

2

仲介役としてトルコに注目すべき理由

ウクライナ戦争が長期化する中、ロシアとウクライナの仲介役として注目されている国がトルコだ。なぜトルコが両国の仲介役になれるのか？

黒海を挟んでロシア、ウクライナ、両国と向かい合うのがトルコだ。また、ロシアの敵NATOの一員であることも大きい。ウクライナ戦争が始まった主要な理由がNATOの東方拡大だが、そのNATOの一員であるトルコがロシアと軍事的なつながりがあるのだ。

NATOの一員であるトルコはなんとロシアから最新鋭の迎撃ミサイル「S400」を買っていたのだ。一方トルコは、ウクライナにはトルコ製のドローン「バイラクタルTB2」を売っていた。

NATOに新たにフィンランドとスウェーデンが加盟申請しているが、NATO加盟申請は加盟国の全会一致が原則なのでトルコは重要なポジションを握る。

ロシア黒海艦隊の航行の自由もトルコは握っている。ロシア艦隊が、黒海からエーゲ海へと抜けるボスポラス海峡とダーダネルス海峡の通行権をトルコが握っているのだ。

またロシア、ウクライナ両国ともにトルコ経済にとって重要なパートナーであることもトルコの仲介役としてのモチベーションを上げている。

2021年にトルコを訪れた観光客は、ロシアがトップで約470万人、ウクライナも3位の210万人。両国だけでトルコを訪れる観光客の5分の1以上を占める。

農業輸出も大きい。トルコの国土面積は約78・4万平方キロメートル、日本の約2倍である。温暖な黒海沿岸、大陸性気候の内陸部、地中海性気候のエーゲ海と地中海沿岸部と、気候は地域により様々ではあるが、南部に肥沃な平地が広がり農業も盛んで、レモンやオレンジなどの果物が豊富に採れる。これら農作物の出荷先が、ロシアやウクライナなのである。

こちらも1年間の野菜や果物の輸出額を見ると、ロシアが約10億ドル、ウクライナが約2億ドル、これら二国にベラルーシを含めた3か国で、全輸出量の半分を占める。ウクライナ戦争開始からは、ウクライナへの輸出はゼロになっている。ロシア向けも半減。

現在、トルコは世界的なインフレと、トルコ政府の経済政策の失敗もあり、年間50%を超える大幅なインフレに見舞われている。トルコとしては早く両国に平和を取り戻してもらい経済関係を復活させたいところだ。

表向きはNATOの一員としてウクライナ支援を表明しているが、強権国家同士、プーチン氏との関係も維持し、ロシアを追い詰めず、仲介者として交渉の余地を残している。トルコの仲介者としての手腕に注目したい。

■トルコの歴史と地政学

トルコの地政学についても少し紹介したい。トルコは地中海、エーゲ海、マルマラ海、及び黒海と、4つの海に囲まれたアナトリア半島に位置する国家である。国土面積は日本の2倍強の広さを持つ78万4300㎢であり沿岸部の総延長は8000キロメートルにも及ぶ。地球儀やグーグルアースで見るとすぐにわかるが、ヨーロッパとアジアを結ぶ要所であり、古来より多くの国に侵略されてきた。紀元前4世紀にはマケドニア王国のアレクサンダー大王に征服をされ、大王の死後、セレウコス朝シリアの支配下に入った。紀元前191年頃、共和政ローマとの戦争に敗れ、ローマ帝国の属州となった。

西暦330年、ビザンティウム（現在のイスタンブール）がローマ帝国の首都となり、コンスタンティノープルとして改称され、395年のローマ帝国分裂後には、東ローマ帝国の首都として繁栄した。

その後、1000年以上の時を経て、1453年、オスマン帝国はコンスタンティノープルを陥落させ、東ローマ帝国を滅亡させた。16世紀にオスマン帝国の繁栄は最盛を極め、アルジェリア、ハンガリー、イラン東部、イエメン、ウクライナ南部にまで領土を拡大させた。しかし、18世紀後半以降、オスマン帝国は衰退の一途をたどることとなった。

十数度にわたるロシアとの戦争の結果、ロシアに領土を割譲し、支配下にあったバルカン地域において諸民族が独立を次々に果たしていった。１８５３年のクリミア戦争ではロシアを破ったものの、戦時支出と西欧列強への借款の増大から帝国財政は急激に悪化し、１８７５年には財政破綻。オスマン帝国は「瀕死の病人」と呼ばれた。第一次世界大戦に参戦するが、１９１８年10月にオスマン帝国は連合国に降伏し、帝国は解体された。

多数の民族や宗教を帝国として支配したが、勃興してきた国民国家の台頭の波に勝てなかったのだ。多くの少数民族を自国領土に抱えるロシアや中国が、なぜ彼らの独立を許さず、強烈に同化を強いるのか？　オスマン帝国の歴史がそれを教えてくれる。

ＮＡＴＯ拡大が均衡を崩す
――ジョージ・Ｆ・ケナンの予言

ＮＡＴＯ、北大西洋条約機構とは、第二次世界大戦後の１９４９年４月４日に、ソ連の脅威に対抗するために、ワシントンＤＣにて設立された多国間軍事同盟である。今では北米２

図表16 NATO加盟国

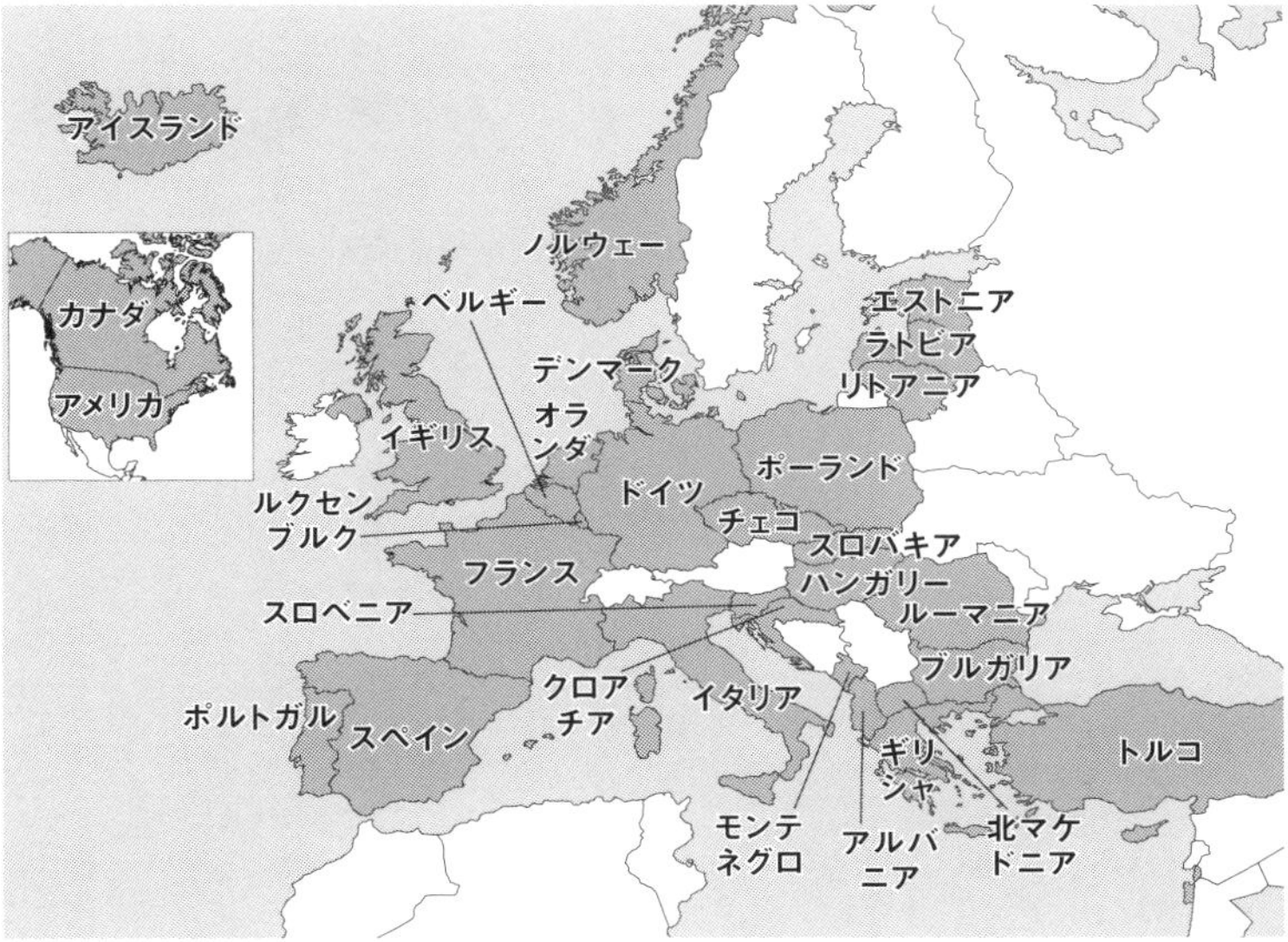

か国と欧州28か国の計30か国が加盟する政府間軍事同盟である。結成当初は、欧州諸国を長年苦しめたドイツ対策でもあった。「アメリカを引き込み、ソ連を締め出し、ドイツを抑え込む」と初代事務総長であるヘイスティングス・イスメイは語っていた。日本はグローバル・パートナーというポジションで関わっている。

主に以下の3つの目標を持っている。NATO加盟国が他国から攻撃された際に、加盟国が連携して加盟国の領土及び国民を防衛する。

【NATOの中核任務】

- 集団防衛
- 危機管理

●協調的安全保障

1989年に冷戦が終焉し、続く東欧革命により、1991年にワルシャワ条約機構が解体され、ソ連が崩壊。共通の敵を失い、NATOは大きな転機を迎えた。

ソ連の崩壊によりソ連陣営だった東欧諸国が相次いでEUおよびNATOへの加盟を申請したのだ。1999年にポーランド、チェコ、ハンガリー、2004年にスロバキア、ルーマニア、ブルガリア、旧ソ連バルト三国、スロベニア、2009年にアルバニアとクロアチア、2017年にモンテネグロが、2020年には北マケドニアがNATOに加盟。こうして旧ワルシャワ条約機構加盟国としては、バルト三国を除く旧ソ連各国（ロシア、ウクライナ、モルドバ、ジョージア、ベラルーシなど）を残し、他はすべてNATOに引き込まれた。

一方で、ソ連崩壊後、誕生したロシアはこのNATO東方拡大に警戒・反発を表明していた。

また、日本をNATOに加盟させようとする動きもある。これはNATOをグローバルに発展させた上で、アジア中東から、日本、オーストラリア、シンガポール、インド、イスラエルを加盟させるというアイデアである。元ニューヨーク市長のルドルフ・ジュリアーニ氏、ブルッキングス研究所シニアフェローのアイボ・ダールダー氏などがこれを提唱している。

ロシアはNATOの東方拡大で恐怖心と圧迫感を感じていた。NATOもロシアへの配慮はそれなりに行なっていた。1997年5月にNATOとロシアは「新加盟国に対して外国軍部隊について大規模な部隊を恒久的に配備しない」としたNATO・ロシア基本議定書に署名した。

アメリカの外交官であるジョージ・F・ケナンは、「NATO東方拡大によりプーチンが軍事行動を起こす」可能性を指摘していた。彼は、ソ連の封じ込めを柱とするアメリカの冷戦政策を主導した戦略家である。

ケナンは1997年、当時のクリントン政権が進めようとしていたNATO拡大の動きについて「冷戦終結後の米国の政策の中で最も致命的な誤り」との厳しい批判を、米ニューヨーク・タイムズ紙へ寄稿した。「NATO東方拡大によって『ナショナリスティックで反西側的で軍国主義的』な見方がロシア国内で沸き上がる」との深刻な懸念を表明した。

翌1998年、同紙の著名な外交問題コラムニスト、トーマス・フリードマン記者のインタビューに答え、「NATO東方拡大は新たな冷戦の幕開けとなるだろう。ロシア人は次第に敵対的な反応になり、それは彼らの政策に影響するだろう。悲劇的な間違いだ」と警告した。

ウクライナ戦争は、プーチン氏の名誉と恐怖にかられた愚行というだけではなく、欧州の微妙な均衡のバランスを読み間違えたクリントン氏の戦略ミスによる、起こるべくして起きた侵攻だと言えるのかもしれない。

■NATOを結束させ拡大させたプーチンの自滅

致命的な読み違えはプーチン・サイドにもある。NATOの結束の弱さをついてウクライナに電撃的に侵攻し、ロシア帝国の復活を狙ったプーチン氏。皮肉にもプーチン氏の行動は今一つ結束が弱かったNATOを強力に結束させた。NATOはウクライナ戦争を自分事として結束し、連携を深めている。当初2週間で敗れるといわれたウクライナの善戦やロシア軍の予想外の弱さもNATO結束の起爆剤になっている。

東方拡大を嫌気して行動を起こしたプーチン氏にさらなる皮肉だったのは、ウクライナ戦争の結果、NATOがさらに東方拡大する可能性が高まったことだ。プーチン氏の行動は、今までNATOに加盟せず、ロシアに余計なプレッシャーをかけまいとしていた国々を、ロシアへの懸念から次々とNATOへ加盟させていくことになりそうだ。

フィンランドとスウェーデンがNATOに加盟申請した。唯一のハードルであったトルコは、当初この2か国の加盟申請に難色を示していたが、今は加盟を認める方向に変化してきた。これでNATOがさらに東方拡大する可能性が高まった。

この本を書いているのは２０２２年秋の時点だが、これから欧州は長くて寒い冬を迎える。欧州北部、ドイツなどは冬になればマイナス10度などの極寒になるため、暖房設備なしには暮らせない。メディアを見るとヨーロッパ各国はエネルギーの代替輸入先確保や原発再稼働などを画策しているようだが、エネルギー価格や物価の高騰もあり、ロシアへの依存度が高い国は今冬は相当厳しい状況に陥るだろう。

筆頭国がドイツだ。ガスに限らず大量のエネルギーをロシアから輸入している。石油34％、石炭45％、天然ガスにいたっては55％にものぼる（いずれも２０２０年）。

これまでは欧州は足並みを揃え、ロシアへの脅威に結束してきたが、これからが正念場だ。ロシアはエネルギーや食糧を武器としてゆさぶりをかけ続けるだろう。

一方、アメリカの動きも押さえておく必要がある。中間選挙後のアメリカのウクライナ支援がどうなるか？である。中間選挙ではバイデン政権の基盤が揺らぐ結果となりそうで、共和党が上下両院の主導権を握った場合、アメリカ国内の経済対策や分断が高まる内政に忙殺されて、バイデン政権は今までのようなリーダーシップが取れない可能性が高まる。

ロシアはサイバー攻撃などを使ってアメリカの中間選挙にも介入を試み、中間選挙後の揺らぐ政権をさらに混乱させるべく、様々な仕掛けをしてくるだろう。

クリントン政権とＮＡＴＯの誤算が、プーチンの行動のきっかけの一つとなった。プーチンの行動はＮＡＴＯの結束とさらなる拡大という誤算を引き起こしている。今後は寒い欧州の冬とアメリカの選挙がさらなる誤算をどちらにどれだけ引き起こすか注目される。

気候変動が経済の流れを変えた「北極海ルート」

「北極海ルート（航路）」とは、ユーラシア大陸の北、ロシアの北岸部の北極海を通り、大西洋と太平洋を結ぶ航路である。一昔前、北極海は氷で覆われていたため、通行することができなかった。であるからこそ先述のごとく、ロシアは不凍港を目指し、南下していったのである。

ところが近年、地球温暖化などの影響で、これまで凍っていた北極海の氷が溶け、夏の間、航行可能になってきた。実際、２０２２年に入ってからは、北極海の氷面積の大きさが、観測史上最小記録を更新している。

そのためロシアだけでなく、新たな地政学とも言える北極海ルートを各国が注視している。密接に関わっているのは以下８か国からなる北極評議会だ。

カナダ

図表17　従来の「南回り航路」と新しくできた「北極海航路」

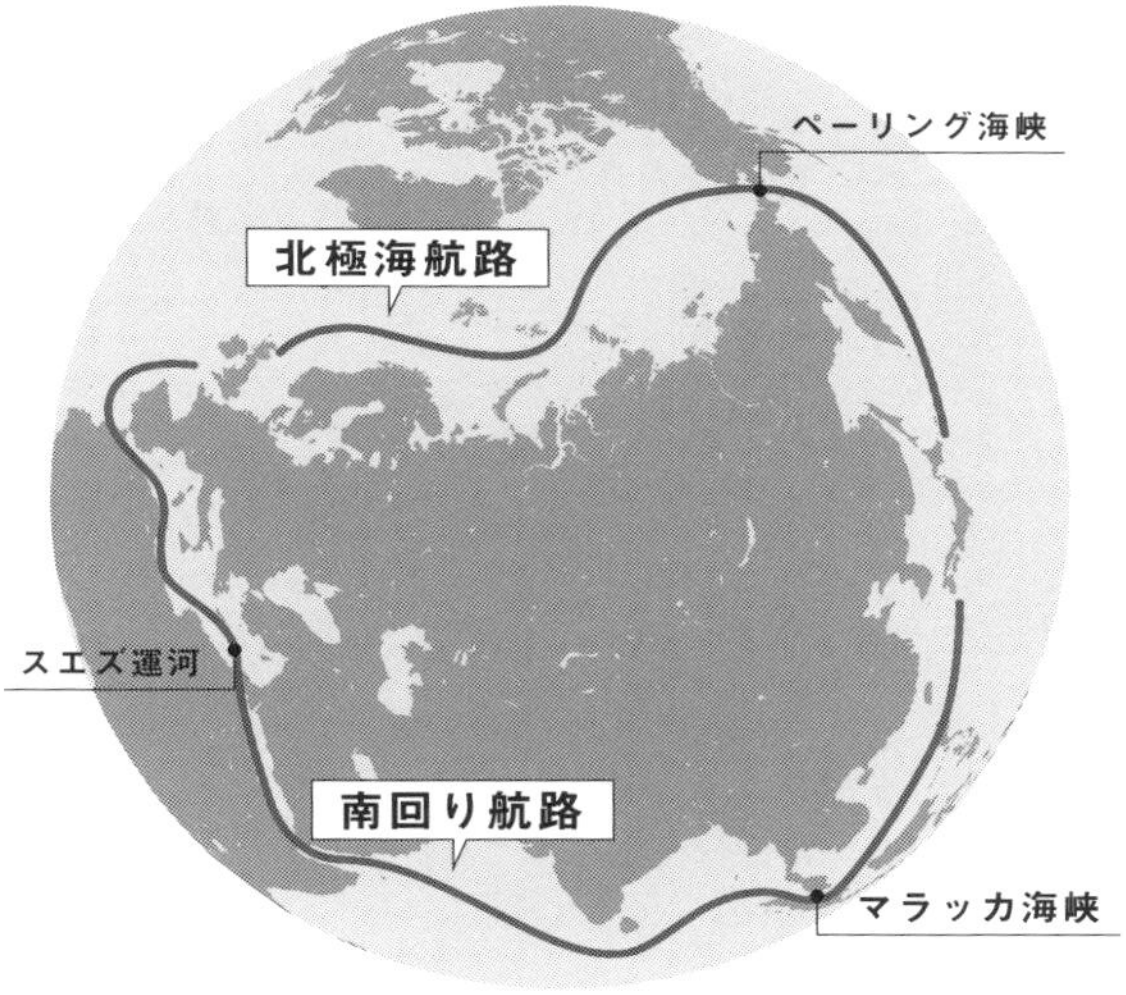

米国
ロシア
フィンランド
アイスランド
ノルウェー
スウェーデン
デンマーク

北極の開発、環境保護など諸問題を話し合う周辺国の政府間機関だが、最近になり、日本、中国、韓国、シンガポール、インドなどアジア諸国もオブザーバーとして参加している。

日本は2013年に北極担当大使を拝命。同評議会に積極的に関わる一方、国独自で、国土交通省が北極海航路に関する調査や利用検討を進めている。

■ヨーロッパへの距離が4割短くなる

なぜ「北極海ルート」が注目されているのか。「北極海ルート」ができる前、欧州からアジアへ向かうルートは、スエズ運河、マラッカ海峡というチョークポイントを介したものだけだった。

日本から欧州へは、まずは南下し、東・南シナ海を抜け、東南アジア、シンガポールを抜け、マラッカ海峡を通過する。その後、インド洋、アラビア海を通り、中東・アフリカのスエズ運河を通過。地中海、ユーラシア大陸とアフリカ大陸の間のジブラルタル海峡を通る、というルートだった。

横浜港からオランダのロッテルダム港までの距離は約2万1000キロメートル。長距離に加え、海賊に襲われるリスクがある。実際、日本の貨物船が襲撃されたこともある。

対して北極海ルートが実現すれば、距離は南回りに比べ約1・4万キロメートルと短くなる。割合にして3～4割も減るのだ。輸送時間の短縮はもちろん、燃料費、温室効果ガスも削減できる。加えて天然のコールドチェーンなので薬品や食糧の輸送には適している。そして極寒の北極海ルートには海賊がいない。

日本はもちろん、韓国や中国、アジア諸国から見ると、日本の北海道、特に釧路が北極海ルートの重要拠点となる可能性が高い。釧路が数十年後には、シンガポールに代わってアジアのハブ港になるかもしれない。また、北方領土は北極海ルートのチョークポイントになる。これもあって、ロシアが北方領土を是が非でも渡すわけがないのだ。

今、中国企業が北海道の土地を買っているのは、この理由もある。中国とロシアの連携目的の一つが北極海ルートである。津軽海峡を抜けられれば、中国にとってはさらに時間と距離の短縮となり価値が高まる。

一方で、課題も多い。現時点で航行できるのは氷が溶けている夏季の2か月間だけであること。ロシアへの事前許可が必要であり、ロシアが保有する砕氷船に先導してもらい、費用を支払う必要がある。

北極海ルートはアメリカにも大きな利益をもたらすので、今後、ロシアとアメリカで北極海ルートをめぐるシーレーン確保争いが熾烈になるだろう。

その他の「北極海ルート」の課題点として、自然環境への懸念もある。油田タンカーが座礁して石油が海に放出されるなどの事故が起こった場合に、南洋に比べ温度が低いため、自然分解に時間がかかるからだ。

北極海ルートのトピックスから見えるのは、いかに気候変動が地政学を変えるかということだ。物流はもちろんだが、北極海ルートが新たな航路として確立されれば、これまで全く見向きもされていなかったロシアの北岸が、一気に賑わうことになる。その結果、ロシアの地政学的なプレゼンスが高まることになろう。ロシアが大きな恩恵を受けることは間違いなさそうだ。

これから先、氷がさらに溶けてフルシーズン航行できるようになったとき、世界の物流の95％以上を占める海路図がどう変わるのか？　世界のチョークポイントを押さえる使命を持ったアメリカ海軍も動き出していることは間違いない。

史上初、ランドパワー大国「ロシア」「中国」が同盟を組むか？

ランドパワーの国同士は敵対するのが地政学の常識だった。中露がまさにいい例で、7000キロメートル以上にもなる国境を共有してきた。この膨大な国境を守るためにかなりのお金や兵力を使っていた。陸続きのためお互いが攻められるとの心理が常にあり、攻められる前に攻めてしまえ、との思考になるからだ。実際、これまでの歴史を振り返ると常に対立してきた。

だがここに来て、正確にはロシアがウクライナに侵攻して以降、両国の関係性に変化が見られる。急激に親交を深め、協力し始めているからだ。

敵の敵は味方。西洋諸国、今でも世界の覇権国家アメリカを共通の敵にしているので、中露お互いが団結することがよいとの共通認識ならびに、利害が一致している側面がある。

ランドパワー同士が手を組むことはもちろん、ハートランドのほぼ中心にいる二大ランドパワー国家が手を組むことなど、これまでの地政学ではあり得なかったし、想定もしていなかった。遠交近攻の理論からも外れる。

もちろん、課題も多い。覇権国家となって独自の世界秩序構築を目指す中国は、まだ自国の成長余地を実感をもって感じており、自暴自棄にならない。一方、国力が衰退するばかりのロシアは、焦燥感と危機感があって、ウクライナ戦争というハイリスクなギャンブルに打って出た側面がある。2022年10月には、習近平氏は「速やかにウクライナ戦争を終わらせるべきだ」とプーチン氏に直言した。一方的にロシアに肩入れしていては、さらに欧州に対して信頼を失い、コロナとウクライナ戦争で停滞している一帯一路構想がとん挫しかねない。

しかし、ロシアを取り込むことは中国にとってもメリットは大きい。最も長い国境線を共有する隣国を警戒せずに、中国が目指す「ランドパワーからシーパワーへの転換」が目指せるかもしれないからだ。これは我々日本にとって、とても脅威である。人口、領土、経済力、軍事力といった地政学の多くの要素で強力な両国だからだ。ましてや中国もロシアも、強権的なリーダーが中央集権で国を率いる国家である。核兵器も、両国とも保有している。

元々ロシアは共産主義のお手本として、経済も軍事も、中国より上の立場であった。中国の先生という時代が長く、中国はロシアから多くを学んでいる。軍事力も含めテクノロジーもロシアの方が進んでいた。実際、ロシアも中国を生徒という立場だと思っていた。

だが、ソ連崩壊などを経て、資源依存の経済から脱せず、国の経済成長や技術革新や軍備強化がうまくいかないロシアに対し、経済面でうまく資本主義を取り入れた中国はすべての国力要素について飛躍的に成長していった。

現在では両国の立場は完全に逆転。特に、西欧諸国というエネルギーの輸出先を失ったロシアにとって、その大部分を依存する中国は大得意先でもある。今では徐々にロシアの中国属国化が進行中だ。

ロシアと中国に領土問題がないわけではない。中国が自国の領土と主張する紛争地もある。だがロシアが属国化していけば、中国はロシア国境沿いの安全保障のコストを削減できる。先述のごとく、その浮いた分のリソースを、中国はシーパワー進出に使えるかもしれない。ロシアも中国との国境沿いの軍事リソースはウクライナ侵攻に使える。

■ アメリカを二正面作戦に引き込む？

ウクライナ戦争が長引くことは中国に悪い話ばかりではない。特に、南シナ海進出、そして今後台湾へ圧力をかけるにあたり、目の上のたんこぶ的存在であるアメリカをけん制できる。世界の覇権国家はいまだにアメリカで、世界に散らばるアメリカの軍事力を結集すれば、いまだに断トツの世界一である。しかし、アジア太平洋地域に限れば、中国がめきめき軍事力を強め、アメリカと対等になりつつある。

中国としてはアメリカの軍事力を分散させておくことが自国にとっては欠かせない。アメリカを二正面作戦に引きずり込むことが中露にとってベターなのだ。

過去の歴史でも、超大国でも二正面作戦では苦戦必至だ。日本も第二次世界大戦でアジアとアメリカの二正面作戦でボロボロになった。

中露の連携は、お互いがお互いを100％は信じられないし、中国としても失うものがないわけではないので、簡単にはいかないだろうが、共通の敵アメリカがいることで、少なくとも裏では進む可能性がある。要注意である。

ロシアがウクライナ戦争で核兵器を使用する可能性はあるか？

私の答えはノーだ。使用する意義が見いだせない。どんな使い方をしても戦略的成果があるとは思えないからだ。まず、そもそもロシアの領土だと言っている場所に使う意味がない。自国の領土に核兵器を使用して破壊して汚染させてどうするのか？　そしてロシアに隣接するウクライナの国土で核兵器を使用すれば、汚染された空気や土壌は偏西風に乗ってロシア領土にやってくるだろう。ロシア国民を苦しめるだけだ。

ではロシアから遠く離れたウクライナ領土や黒海上空で使う意義はあるだろうか？　これも戦略的な意義があるとは思えない。それはいまだにロシアを見放していない中国やインドの支持を完璧に失わせるだろう。西側が中国やインドを経済制裁に巻き込む口実になるだろう。

そして、もしウクライナに核による犠牲者を出せば、アメリカは必ずロシアに対して軍事行動を起こすだろう。アメリカがすぐにロシアの領土に核兵器を利用して、反撃する、エスカレーションシナリオは、直接アメリカが核攻撃されていないだけに考えにくい。しかし、アメリカはロシアの軍事力に深刻なダメージを与えるだけの通常兵器を持つ。通常兵器の総動員で相当なダメージを与えられる。

中国やインドの支持を失い、アメリカの攻撃を受けることと引き換えに、ロシアはウクライナへの核攻撃から何を得られるだろうか？ ウクライナの都市を一つ壊滅させても、ロシアがウクライナから領土を獲得できる可能性はほぼない。アメリカの軍事攻撃と、中国やインドが参加する、今とは比較にならない経済制裁で、ロシアの戦闘維持能力はほぼ無力化されるだろう。

ではウクライナではなく、ウクライナに対して結束した支援を続けるNATO加盟国が攻撃される可能性はどうだろう？ そんなことをすればそれこそロシアはただではすまない。アメリカと欧州連合軍の総攻撃を受け、今とは比較にならない経済制裁を受けるだろう。

このことはプーチン氏もその側近も重々承知で、そこまでプーチン氏が正気を失っている証拠もない。核兵器のボタンに手をかけさせることは彼の側近も許さないだろう。いくら強権的指導者でも核兵器使用までのプロセスはロシアでもそれなりのハードルがあるはずだ。

しかしながら、もちろん、これも台湾有事同様「(イベントが起こった時の) インパクト×確率」で判断すべきだ。ロシアが核兵器を使用した時のインパクトもかなり甚大である。確率は相当低いが、頭の体操はすべきだろう。

第5章

その他の地政学

中東・インド・東南アジア・ヨーロッパ

その他の地政学の基本

基本

リムランドでも地理により運命が変わる

中東・インド・東南アジア・ヨーロッパはハートランド・リムランド理論で説明したように、リムランドに位置する。

その中でも温暖な気候に恵まれ、騎馬民族の侵略を受けなかったヨーロッパは、社会が成熟し、封建制度を経て、資本家が誕生し、産業革命でテクノロジーと資本主義を使いこなして一気に発展していった。

東南アジアは気温が高く、ジャングルなど開墾が困難な地形が多く、マラリアなどの致死率の高い風土病も多く、後述するマンダラ型組織のため、統一国家が起こりにくかった。そのため社会が成熟するのに時間がかかり、封建制度を生んで資本家を作るという点で、西欧や日本に遅れた。そして先に技術や資本力を身に付けた欧州や日本に植民地化された。しかし、第二次世界大戦を経て多くの国が独立し、テクノロジーにより、風土病や気候やジャングルを克服していくにつれ、欧米や日本をキャッチアップしていく目覚ましい発展を見せている。

インドは亜大陸と呼ばれる巨大な国だ。かつてユーラシア大陸から離れた小さな大陸であったが、ユーラシア大陸に衝突し接着した。その衝撃でできたのがヒマラヤ山脈。ヒマラヤ山脈が北方からの侵略を防ぐ防波堤の役割をしている。インド亜大陸は、ヨーロッパよりも広く、統一国家となった現在でも多くの民族と言語が存在する。憲法で公認されているだけで21の言語があり、土着言語を含めると８００以上の言語があるといわれる。

歴史的に、西はイラン高原・アフガニスタンからのオリエント文明、イスラム文明の浸透、東は東南アジアや北側のチベットを経由しての中国文明との交流、最近ではアラビア海・ベンガル湾を含むインド洋を舞台にした海上交通によりアラブ、アフリカ、地中海世界、東はアメリカへの人材流出やアメリカからの投資による同国との交流が経済・社会・政治に影響を与えている。

気候の厳しい中東は、石油が発見されるまでは、食料生産にも居住にも向かない人口の少ない場所であった。しかし、20世紀初め、石油の発見で状況は一変する。第二次大戦後には世界中に散らばっていったユダヤ人が入植しイスラエルという国を作る。この「石油と宗教」が主な理由で、中東は紛争の絶えない地でありながら、世界にとって重要な地域にもなる。

中東の地政学

強すぎるオスマン帝国が西欧を強くした

現在の中東のある場所のほとんどであるアラビア半島は、古代から過酷な砂漠地帯。当時の技術で利用可能な資源も乏しく、居住人口も少なく、ここをめぐって争いが起こることはほとんどなかった。

歴史の中で中東が地政学的な存在感を持ったのはオスマン帝国の頃である。中東の中でも、食料生産に向く地中海性気候の地形に恵まれ、アジアと欧州とアフリカをつなぐ交通の要衝の地であった今のトルコ近辺。ここを中心にオスマン帝国が誕生する。この帝国が中東地域を「天下統一」していたわけで、一時は東ヨーロッパから北アフリカまでをその支配下に置

図表18　中東

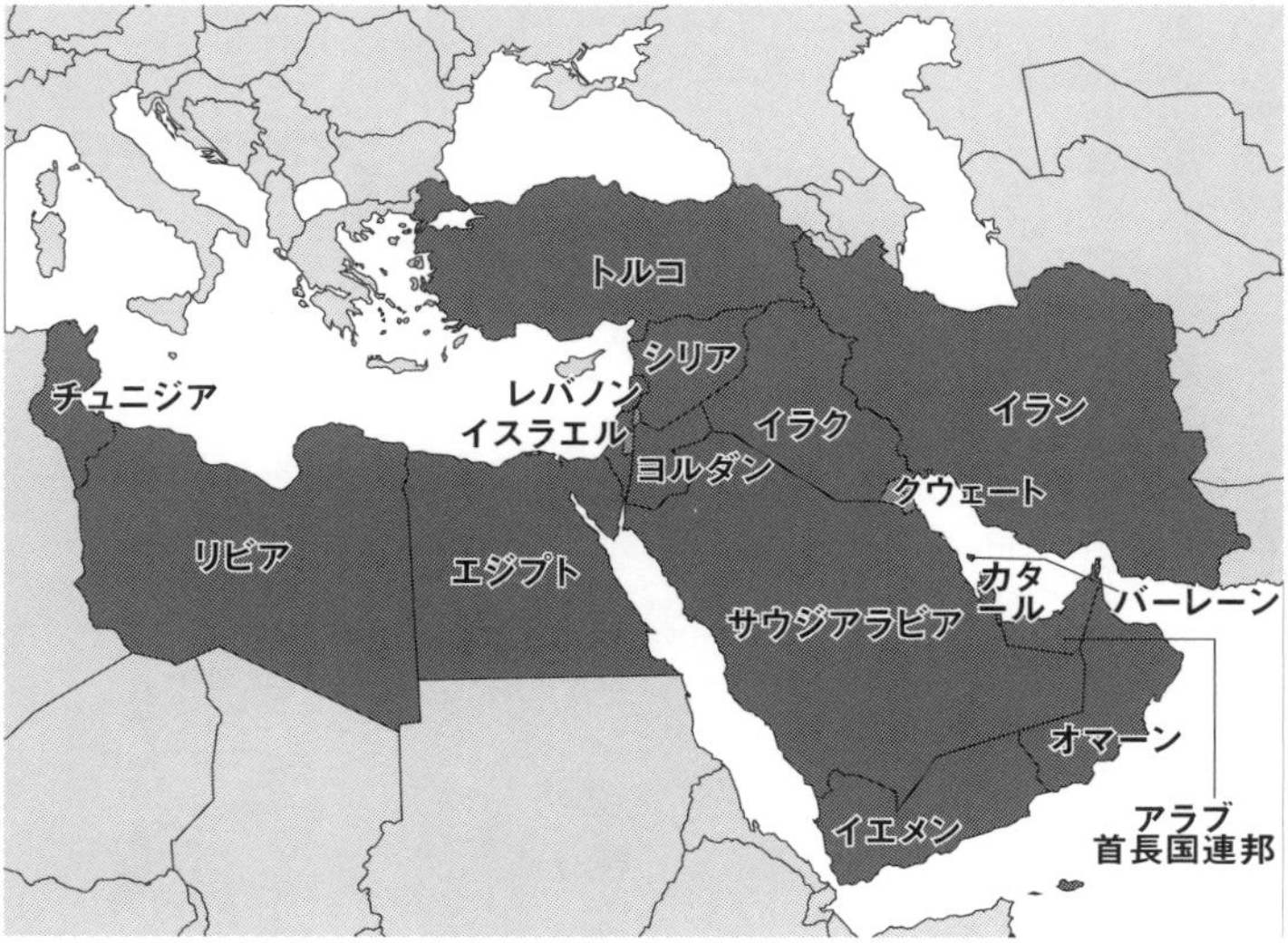

いていた。

このオスマン帝国の強さが、のちにヨーロッパを強くしてしまった。禍福は糾える縄の如し、である。オスマン帝国に圧迫される形でヨーロッパは「大航海時代」に乗り出したのだ。西欧のアジアとの貿易の前に立ちはだかったのがオスマン帝国。西欧が陸路でアジアと貿易する際、その間にでんと構えるオスマン帝国が必ず介入し中抜きをしていた。これに懲りた西欧はアジアとの海上での直接の交易路を模索し始める。これが「大航海時代」である。スペイン、オランダ、ポルトガル、イギリスなどが大航海時代の主役であった。

大航海時代の舞台であるポルトガルやスペインを訪れるとイスラムの足跡を至る所

に発見できる。いかに西欧の西端までオスマン帝国の影響力が及んでいたかを示す証拠だ。必死の思いでアジアとの航路を発見した西欧は、アクシデントで北米や南米にも航路を作り出した。アジアや南北アメリカ大陸との交易や略奪で力をつけた西欧諸国はオスマン帝国を押し返し始める。

18世紀初頭から、無敵を誇って西欧を圧迫していたオスマン帝国は西欧各国との戦争に徐々に圧倒され、アラビア半島まで押し込まれた。

19世紀になると、「ナポレオン」の遠征によってエジプトが制圧され、オスマン帝国は北アフリカの覇権をなくし、その後も敗退を続け、20世紀までにはアラビア半島のみを支配する国へと落ちぶれた。

■石油の発見が不幸の始まり

しかし、20世紀になるとゲームチェンジャーの発見が起こる。「石油」の発見だ。これがそれまで不毛だったアラビア半島の情勢を変えてしまう。ちょうどこの頃は、ガソリンエンジンや、石油ストーブ、街灯などが登場していたのだ。「石油はダイヤ」と言われ始めていたのだ。資源が地政学を変えてしまう代表的な事例だ。

これが今後、北極や南極の氷が溶けることや月や地球外の惑星を探査することで、さらに大きなスケールで起こるかもしれない。中東が「石油の宝庫」であることが判明するやいなや多くの国がアラビア半島の権益を求めてやってきた。

そして「第一次世界大戦」で、オスマン・トルコ帝国は「ドイツ」側として参戦し、敗れたのである。戦勝国のイギリスやフランスは中東植民地化に走る。イギリスとフランスは極秘に協定を結び、中東の多くの土地を分割して植民地化した。イギリスやフランスは歴史や宗派や民族性を考慮せず、勝手に国境線を引きまくり、これがのちの中東諸国の争いの根源となる。

イスラエル建国がパレスチナ問題の原点

第一次大戦後しばらくは、中東は「植民地支配」によってイギリスやフランスに支配されながらも安定していた。その情勢が大きく変わるのが第二次世界大戦後に起こったイスラエル建国である。

発端は第二次世界大戦でヒトラーが行なった、ホロコースト、ユダヤ人の虐殺だ。この時のユダヤ人の犠牲者は600万人とも言われる。しかし、多くのユダヤ人はその難を逃れ、戦後を迎える。その人たちは大戦前の居住国に戻らず中東を目指した。そもそもユダヤ人は古代にパレスチナに王国を建設していたからだ。

今のパレスチナのあたりは、古代には「肥沃な三日月地帯」であり、カナンの地と呼ばれ、ユダヤ人の祖先となるヘブライ人（イスラエル人）も移住してきた。その後、その子孫たちはエジプトに移住しエジプト人の奴隷とされてしまう。

その後、エジプトを脱出したヘブライ人は再びこの地域を征服し、紀元前11世紀頃にイスラエル王国を建設。そして内乱のためイスラエル王国は南北に分裂した。北のイスラエル王国は紀元前722年にアッシリアに滅ぼされ、南のユダ王国は紀元前586年に新バビロニアに滅ぼされた。新バビロニアもペルシア帝国に滅ぼされたが、パレスチナの地はその後、アレクサンダー大王に征服されマケドニアの一部となる。その後ユダヤ勢力が息を吹き返すが、やがてローマ帝国に滅ぼされ、この時に数多くのユダヤ人が世界に散らばっていった。

ナチスのホロコーストを受けて、ユダヤ人にとってパレスチナへの避難は急を要したが、パレスチナを統治するイギリスは移民を制限していた。戦時中多くのユダヤ人は義勇兵としてイギリス軍とともに戦い、イギリスの勝利に貢献。戦後、アメリカが中心となり、「強制収容所にいた10万人のユダヤ人のパレスチナへの移住」をイギリス政府に勧告したが、イギリス政府は難色を示す。これに過激派ユダヤ人が猛反発し、イギリス各地で過激な反英活動を行ない、ついにイギリスはパレスチナ統治を諦め、パレスチナ・イスラエル問題を国際連合の採決にゆだねた。国連の調査委員会を経て、ユダヤ人の国家とアラブ人の国家を創設する分割案が国連総会で採択された。

ここがパレスチナ問題の原点である。ここからパレスチナ、イスラエル両陣営の相手に対する攻撃は増加し、今に至る。

イスラエル建国を受けて中東各国は独立

1948年のイスラエル建国を受けて、1948年から1973年まで4度にわたり、イスラエルとアラブ諸国の間で戦争が繰り返された。第2次中東戦争までは、米英仏がイスラエル支援に回り、ソ連がアラブ側を支援していたので、これは中東というリムランドを舞台にした、シーパワー連合対ランドパワーの代理戦争でもあった。

しかし、第3次中東戦争以降では石油政策などの理由で英仏はアラブ支援に回り、中国やイランもそれに続いた。時を経て構造は複雑化していった。

ただ、中東戦争を通じて、英仏の植民地下にあった中東諸国は次々と独立していった。時を同じくして、相次ぐ石油開発事業により、新規油田が各地で発見され、この所有をめぐる争いは各国の紛争のタネとなった。

アラブの春で揺らぐアメリカの中東政策

アメリカは1930年代にサウジアラビアで石油の利権を獲得。サウジアラビアを通じて巨額の利益を確保してきた。巨大な石油消費国として石油を安定的に確保し、自国の利権を確保するために中東を戦略的重要地域と規定し、中東における覇権国家として関与を続けてきた。

自由民主主義や人権尊重を世界に輸出することを目指すアメリカだが、同時に外交政策はとてもプラグマティック（現実主義的）だ。人権や自由民主主義をぐっと飲みこんで、中東では、強権国家による専制的統治を放置した。専制的統治が中東を安定させると読んだのと、専制国家とともに石油利権を握っていたからだ。

アメリカが自身の戦略的重要地域、中東で最重要と位置付けるのが同盟国イスラエルだ。アメリカ国内の金融、メディア、エンターテインメントなどの重要産業を牛耳るユダヤ・ロビーは大きな政治力を持つ。

かつて、アメリカは中東の安定とイスラエル擁護のため、アラブの「盟主」エジプトを説得し、イスラエルと平和条約を締結させた。その見返りとして、アメリカは、エジプトのサダトそしてムバラクという独裁政権に対して軍事的な支援を実施。しかし、そのムバラク政権はアラブの春で倒れる。

2011年にチュニジアの政権崩壊で始まったアラブの春は、その後、エジプト、リビアへ政権崩壊を連鎖させ、イエメンでも政権交代を引き起こした。その後リビア内戦ももたらした。

■シェールガス革命で中東への関心低下

ここにきて、アメリカは世界三大重要戦略地域の一つであった中東に関する関与を低下させている。ウクライナ戦争でヨーロッパが、台湾情勢でアジアが、それぞれ地政学リスクが高まったため、さらなる関与を必要としていることもある。

もう一つはアメリカが世界最大級の産油国となり、中東にエネルギー依存する必要がなくなったことがある。これをもたらしたのが「アメリカの地政学」で詳述したシェールガス革命だ。

「砂漠で生き抜くルール」がイスラム教の本質

世界三大宗教の一つであり、キリスト教に続き世界で2番目に信仰する人が多いイスラム教。実は、ユダヤの神、ヤハウェとイスラムの神アッラーは同一なのだ。ユダヤ教・キリスト教・イスラム教は、旧約聖書を経典としていて、同じ神様を信じている。歴史的に言えば、ユダヤ教からキリスト教が生まれ、キリスト教からイスラム教が生まれた。中東の人々は大半がイスラム教徒であるが、それは最も新しい宗教なのだ。

三大宗教の原点であるユダヤ教が過酷な環境である中東のアラビア半島で起こったのは理由がある。過酷な環境の中でつらい生活を送るユダヤ民族の魂の救済策として生まれた宗教なのだ。

このユダヤ人向け宗教をユダヤ人のものだけでなく、大衆化してヨーロッパに広めたキリスト教。それを原点回帰の形で中東で広めたのがイスラム教と言えるだろう。イスラム教は、「唯一神アッラーがムハンマドに天啓として与えた教えを記したものがコーランである」とする。ムハンマドはキリスト教の天使ガブリエルから天啓を受けているので、このコーランの基本教義はキリスト教と共通点が多い。コーランには新・旧約聖書の一部も包含されている。

キリスト教を原点回帰させ、中東に持ち帰ったイスラム教には、当時の中東アラブの生活習慣に基づく戒律が多く含まれている。

つまり、イスラム教は、砂漠地帯で生き抜くための教えでもあるのだ。例えば禁酒。お酒を飲むと人は水が欲しくなる。しかし、砂漠地帯は水が貴重だ。飲酒は大切な水資源の無駄使いにつながる。だから、お酒を禁止している。

女性の肌露出を禁じているのも貴重な水資源を守ることにつながる。中東では水資源が限られ、大量の食糧生産ができない。多くの人口を養うのが難しいのだ。だから、人口増加を制限させるためにも、男性をみだらな気持ちにできるだけさせないように女性の肌や顔の露出を防いでいる。

豚を食べないのも、限られた食料で生き抜くための知恵だ。牛もらくだも反芻動物で、人間が食べるものは食べない。しかし、豚は反芻動物ではなく、雑食で人間と食べ物が競合する。人と同じような食べ物を何でも食べる。豚は食肉としての価値はあるが、それ以上にメリットが多いとは言えない。反芻動物と比べてミルクの量も少なく、人間がそれを利用できない。そして豚は短足で砂漠を移動するのに向いていない。

このようにイスラム教は、乾燥地で生き抜く知恵を伝える目的も持っている。

ドバイはテクノロジーで地政学を乗り越えるか？

この本では、「いまだに人類は地理の制約を乗り越えることができていない」という観点から地政学を紹介し、各地域を分析している。しかし、中東の一部では、テクノロジーで地理的な運命を克服しようという試みが始まっている。それがドバイだ。ドバイでは、メタバースという仮想空間と暗号資産による価値システムを使って地理の制約を乗り越える空間作りを目指している。

インターネットよりも世界的にインパクトを与えると言われるのがＷｅｂ３。Ｗｅｂ２が情報をインターネットに乗せることだったが、Ｗｅｂ３は価値をインターネットにブロックチェーンを使って乗せること。そのインパクトは一桁も二桁も違うと言われる。それを使って国づくりをしている最先端都市が中東のドバイだ。

この埼玉県くらいの面積の場所に、すでにメタバースとブロックチェーン分野の企業が１０００社以上あると言われている。ドバイはすでに世界の仮想通貨の首都になりつつあり、仮想通貨分野でバイナンス、ＦＴＸ、クリプトドットコムなどの大手を筆頭に４００以上の企業がライセンスを得て運営されている。アメリカや日本では、暗号資産に関わる税がいまだに高額で、Ｗｅｂ３のエコシステムの進化を妨げている。一方でドバイという、基本的には無税の地域は、税の観点からもＷｅｂ３エコシステムの進化に有利な場所である。

メタバースの世界市場規模は２０３０年までには１・６兆ドル（約２４０兆円）を超えると言われる。ドバイのメタバース戦略は、今後5年間でＧＤＰ40億ドル（約５５００億円）を創出することが目標。２０３０年までにメタバースとブロックチェーンでエンジニア、アーティストなど4万人を超える雇用を生み出すことを目指す。

ドバイのあるＵＡＥ、アラブ首長国連邦は、今後、ＡＩ、ブロックチェーン、メタバースなどを連携させて社会を一気にデジタル化していく方向だ。そのためにこれらのテクノロジーやそれらを使ったスタートアップを政策的に支援し、エコシステムを作っていく計画だ。地政学的に言えば、気候と人口に恵まれない中東が、物理的な地理の制約を離れて、デジタル空間で便利で居心地のいい、人口と資金力にあふれる空間を作っていけるか注目だ。地政学をテクノロジーで克服していけるか注目したい。

スンニ派とシーア派に宗教対立はない

スンニ派とシーア派の間には宗教的対立はない。「誰をムハンマドの後継者とするのか」についての考え方の違いだけである。キリスト教のカトリックとプロテスタントのような教義対立はないのだ。イラクなどではスンニ派とシーア派で結婚することもある。

世界のイスラム教徒人口のうちスンニ派が約8割、シーア派が1割強を占めるとされる。しいて言えば、「スンニ派はより形式を重んじる」とも言われる。スンニ派はラマダンの断食や礼拝だけではなく、日々の礼拝も多くの人がする。シーア派は日常的に礼拝している者は少なく、ラマダンでも断食をあまりしないという。イスラム教の根幹となる教義について両派の違いはない。スンニ派とシーア派は最近まで共存してきた。

両派の対立が深まったのはイラン革命でイランにシーア派政権が誕生してからだ。そこからサウジアラビアとイランが中東の覇権争いに宗派対立を利用してきた。

そして石油利権も微妙に絡む。最大の産油国サウジアラビアではシーア派が多い東部に油田が集中する。しかし、国家としてはスンニ派国家だ。シーア派はスンニ派に石油利権を独占されていると不満を募らせている。イラクではフセイン政権崩壊で多数派のシーア派が政権を握り、利権を失った旧支配層のスンニ派が、過激派組織「イスラム国」（IS）のサポートをした。

しかし大事なのは、両派の信者同士が必ずしも対立しているわけではないということだ。覇権争いや石油利権争いの政争に、両派が派閥として利用されているだけである。

インドの地政学

大陸が衝突して亜大陸となり ヒマラヤ山脈が生まれる

インドは、かつては独立した大陸で、インド洋の南下の南半球のあたりにあった。インド大陸はプレートの動きで北上を続け、今から5000万年ほど前に、ユーラシア大陸と衝突。ユーラシア大陸と衝突後も、インド大陸は北上し続け、ユーラシア大陸を持ち上げながらその下にもぐり込む。これが今のヒマラヤ山脈からチベット高原に至る高地帯となる。

その結果、インド亜大陸の北部は天然の防波堤、ヒマラヤ山脈となっている。このような、大陸との接着点が山脈で蓋をされている半島は、他にも、イタリア半島（アルプス山脈）やイベリア半島（ピレネー山脈）がある。

インド亜大陸は、亜大陸と言われるだけあり、ヨーロッパよりも広い面積を持ち、多くの民族と言語が存在する。憲法で公認されているだけで言語数は21、土着言語も含めると今でも800近い言語が存在するという。ただ、イギリスの植民地だったこともあり、国民の約1割が英語を話す。英語はインドの準公用語でもある。

約14億人の人口は現在世界2位だが、国連によると2023年には中国を抜いて世界一の人口大国となると見られる。

紀元前2500年頃から前1500年頃、インダス川の上流域でインダス文明が興った。モエンジョ・ダーロやハラッパーなどの都市ができ、焼き煉瓦を積み上げた建物や道路などの遺跡が残されている。インダス文明は、インド文明の原点であるが、この地域は現在はほとんどがパキスタン領にある。

統一国家の統治のうまさ故に資本主義に出遅れ植民地化

紀元前4世紀頃に、マウリヤ朝が最初の統一国家を形成。仏教を篤く信仰したアショカ王の時に最も栄えるがその後マウリヤ朝は衰退。インドは分裂状態となる。その後、グプタ朝がインドのほぼ全域の支配を回復。仏教は次第に衰え、ヒンズー教が全土に定着してくる。

しかし、8世紀頃からイスラム教勢力がインドへ浸透。デリー＝スルタン朝を経て16世紀初めにムガル帝国が興り、ほぼインド全土を統一。ムガルとはモンゴルのことである。この王朝の支配層はトルコ＝モンゴル系。16世紀後半の第3代アクバル大帝の時に南インドに進出し、ムガル帝国のインド支配が確立。

最初、インドに入ってきたイスラム教は、イスラム教では異端とされたヒンズー教と仏教の偶像崇拝を否定し、聖戦を仕掛ける。仏教の方はインドにおいて急速に衰退するが、ヒンズー教は民衆に浸透していてイスラム教による聖戦に激しく抵抗。アクバル大帝はヒンズー教徒との融和を図った。

アクバル大帝は官僚制と強力な軍事力による中央集権体制を敷き、巨大なムガル帝国を運営。そのため、西欧や日本で生まれた「封建主義→資本家」の流れが社会に浸透していかなかった。強権的な統一国家ではなかった西欧と日本だけが産業革命と資本主義の恩恵を受け、軍事も経済も強化でき、植民地化を逃れ、列強となっていった。

アクバル大帝亡き後、その頃すでに始まっていた、西欧の「大航海時代」に乗って、ポルトガルを皮切りにヨーロッパ諸国のインド進出が始まる。その後、イギリスとフランスがインドとの貿易利権をめぐって激しく争う。各々が東インド会社を設立して富を作っていく。

イギリスの仕掛けで印パ分離独立

産業革命で競争力を身に付けたヨーロッパの製造業がインドの家庭工業的な製造業を圧倒。18世紀の中頃、激しい英仏植民地戦争を展開し、カーナティック戦争、次いでプラッシーの戦いで、フランスを破ったイギリスがインド植民地化の主導権を握る。

それから約190年間、1947年に独立を果たすまで、インドはイギリスの植民地として苦しむ。イギリスのインド植民地化からちょうど100年経った1857年、セポイの乱が起こる。反英勢力が、ムガル帝国の皇帝を担ぎ出したインドにおける最大級の反英運動である。イギリス側は、中国にて太平天国の乱で戦っていた部隊もインドに呼び寄せ、近代兵器で圧倒し、翌1858年セポイの乱は鎮圧され、ムガル帝国は滅亡した。ちょうど日本の開国や日米修好通商条約締結の頃の話である。欧米列強は、中国の太平天国の乱とインドのセポイの乱に懲りて、日本へは民族抑圧的な攻撃を避けたと言われる。

その後、独立運動は、ガンジーらの二度にわたる非暴力・不服従運動、第二次世界大戦を経てついに実現へ。ガンジーらの悲願である「一つのインド」としての独立だった。しかしイギリスは、インドの独立運動の弱体化を図り、インドとパキスタンの宗教対立をあおった。

結果として、インドとパキスタンは分離独立となる。

印パ戦争がインド・ロシア関係確立の原点

その後、インドとパキスタンは三度にわたり戦争することになる。その時に、ソ連がインドを支援し、アメリカは中国と組んでパキスタンを支援した。これがいまだに尾を引いている。

インドの「軍事の先生」はソ連→ロシアであり、パキスタンを支援したアメリカと中国にはインドはよい感情を持っていない。もちろん、ソ連が崩壊した後は、インドはアメリカに寄っていくしかなかった。また、国境を接する超大国同士のインドと中国はその後も何度も国境付近で小競り合いを続けている。

しかし、いまだに武器や装備品の多くはロシア製で、そのため2022年にロシアで行なわれた共同軍事演習ボストーク2022にインドは中国とともに参加している。欧米がロシアに経済制裁を課している現在でも、インドは中国とともにいまだにロシアから大量の石油を買い続けている。もちろん、欧州が買わなくなり、ロシア産化石燃料の価格が下がり、インドの対ロシア交渉力が増している点もあるだろう。しかし、インドの国益の観点からいえば、安易に欧米日側に自らを安売りせず、ロシアとのパイプを誇示しながら、アメリカサイドに自分を高く売ることがベターだからだ。

■非同盟からクアッドへ？

インドは独立後、その外交政策の柱を「非同盟」としてきた。冷戦のさなかにあって、米国、ソ連のいずれの陣営にも属さない姿勢を鮮明にしてきた。しかし、昨今では、ソ連の崩壊や中国の軍事的台頭を契機に、クアッド（自由や民主主義、法の支配といった基本的価値を共有する日本、アメリカ、オーストラリア、インドの4か国の枠組み）にメンバー入りした。

2020年からアメリカ、日本、オーストラリアとともに「マラバール合同軍事演習」も展開している。しかし同時に、「ボストーク2022」に中国とともに参加しているのは先にもお伝えした通りで、ここがインドの一筋縄ではいかないところであり、自国を安売りしないしたたかさである。

ロシアへの配慮を見せるインド

インドは、ロシアのウクライナへの軍事侵攻を直接的には非難していない。ロシアに経済制裁を科すG7＝主要7か国や、ウクライナへの軍事支援を強化するNATOの加盟国とは行動をともにしない。ロシアからの原油輸入は今後も続ける意向を示している。

ウクライナ戦争直前の2021年12月には、ロシアのプーチン大統領とインドのモディ首相が会談。軍事から科学技術まで広範な分野で印露関係を強化することで合意した。過去にも多くの兵器を購入し、その継続使用のための装備品、原子力潜水艦の貸与、地対空ミサイルシステムの購入、巡航ミサイルの共同開発でインド軍はロシアに依存している。

この背景には独立直後からの印パ戦争で、ソ連の支援を受け、アメリカと中国のサポートを受けていたパキスタンと敵対していたことがある。今では徐々にアメリカ製兵器に移行しつつあるが、兵器は長年その国の兵士が親しんだ兵器や備品の継続使用を前提としているため、いまだにロシア製兵器・備品はインドには重要なのだ。

これらに加え、過去にソ連・ロシアがインドの立場に配慮して国連で拒否権を発動してきたこともあり、インドは国連の舞台で合計で11度も対ロシア採決を棄権している。それらは国連の安全保障理事会や国連総会の緊急特別会合で、ロシア軍の即時撤退を求める決議案の採決や、国連人権理事会でロシアの理事国としての資格を停止する決議案の採決などである。

ロシアのウクライナへの侵攻が始まった後の2022年4月には、ロシアのラブロフ外相がインドを訪問し、このようにG7やNATOに協調しないインドを「バランスの取れた外交をしている」と称えた。

アメリカ合衆国との関係は改善され強化されている

過去には印パ戦争で、パキスタンを支援したアメリカとは関係は悪かった。1998年にインドが核実験を強行した際にはアメリカは西側諸国とともにインドに対し経済制裁をかけた。しかし、現在はクアッドで共同軍事演習を行なうなど関係は改善されてきている。

特にアメリカのビジネスではインド系が大きな存在感を見せている。Microsoft(マイクロソフト)のサティア・ナデラCEO(2014年就任)、Google(グーグル)のスンダー・ピチャイCEO(2015年就任)もインド系。アメリカのインド系移民400万人のうち約100万人はエンジニアや科学者で、今や米政府が発給するH-1Bビザ(米国企業が専門職の外国人労働者を雇用することができる非移民ビザ)の7割はインド系エンジニアが取得していると言われる。

また、アメリカ企業によるインドのスタートアップへの投資も盛んである。インドのユニコーン企業（未上場で企業価値が10億ドル以上）数は急増し、これまでの累計数は１０３社にまで達したが、さらに増加する見込みで２０２０年代半ばには１２２社を超えると言われる。インドではエンジニア教育が盛んでレベルも高く、英語を話せる人材が多い。スタートアップ以外でも大企業、ＮＡＳＡ、医師、大学教授にインド系が多い。

アメリカとインドは地球の反対側に位置するため、時差がほぼ半日（12時間）で、アメリカの終業時刻がインドの始業時刻にあたる。終業時刻後にインドへ仕事を依頼すると翌日の始業時刻には完了しているので、インドの地理的位置がアメリカのビジネス界で高く評価されるようになった。この英語力と時差を活かし、インドにコールセンターを置く企業も多い。

■ 中国とは対立深まる？

クアッドで唯一、中国と陸続きのインド。その昔、インドから中国に仏教がもたらされた。インドに留学した中国僧の法顕、玄奘、義浄らを通じ、深い交流があった。植民地時代は三角貿易でつながり、近代に独立してからも初代首相のネルーは「中国とインドは兄弟」と印中関係を重視していた。

しかし、3500キロもの国境を共有することもあり、1950年代以降は中印国境紛争が起きている。印パ戦争でパキスタンを中国が支援したことで対立が深まり、2020年には、双方の軍に死傷者が出る衝突が起きた。

しかし、中国はインドの最大の輸入先であり、インドの輸入全体の15％を中国からのモノが占める。インドは、上海協力機構（中国・ロシア・カザフスタン・キルギス・タジキスタン・ウズベキスタン・インド・パキスタン・イランの9か国による多国間協力組織）のメンバーである。しかし、2022年9月に2年ぶりに対面で開かれた機構の首脳会議では印中首脳会談は実現しなかった。両国の関係に改善の兆しはない。

日本はインド市場をさらに開拓せよ！

■ 日印は素晴らしいケミストリー

日本とインドの相性はいい。広島の原爆記念日である毎年8月6日にインドの国会が会期中の際は黙祷を捧げている他、昭和天皇崩御の際にはインド全土が3日間喪に服したほどである。

私は世界最大のインド系インターナショナルスクール、ＧＩＩＳを運営する財団ＧＳＦのアドバイザリーボードメンバーとしてＧＩＩＳの日本でのキャンパス拡大を支援している。現在日本に3キャンパスあるが、２０２３年にはキャンパス倍増を目指す。その理由は日本人のお子さんからの申し込みが殺到して残念ながらお断りをしないといけない状態だからだ。

インド式の数学
サイエンス重視の教育
すべて英語でインド系の子供たちと学ぶ

これらの点が日本人の親御さんに高く評価され、ほとんどマーケティングをしていないのに、２０２１年の受験者の約8割が日本人のお子さんとなっている。インド系インターナショナルスクールで学びたい、学ばせたい、という日本の親子の方々が増えている。

私はこれはいい傾向だと思う。突破力のあるインド系と詰めの細かい日本人が若い頃から同じ釜の飯を食べて成長していくことに大きな意義があると思う。インド系人材は、アメリカはじめ世界中でビジネスリーダーとして活躍するが、日本人は彼らと補完関係にある。

若者が多く、競争の激しいインド社会で、自己主張して勝ち抜こうとするインド系と、職人気質で重箱の隅を楊枝でほじくるような完璧主義的教育・社会風土で育つ日本人は、ＧＩＳのクラスで見ていてとても相性がいいのだ。

■若い巨大市場を活かせ

日本でもこれからインド系の人材が、エンジニアから医療・介護、ホスピタリティ産業まで幅広く必要となってくる。社会にもインド系が浸透してくる。

人口が減少し続ける日本とは異なり、インドでは毎年約２５００万人もの新生児が生まれている。先にもお伝えしたように、国連の予測では、２０２３年にも中国を抜き、世界トップの人口になると言われている。しかも全人口約14億１０００万人のうち、半数以上が25歳以下である。

トータルの人口が少ない上に、平均年齢も47歳の日本とは違い、インドの平均年齢は20歳も若い27歳だ。

しかも、地政学的にはインドもシーパワー。シーパワー同士は相性がいいと言われている。「遠交近攻」の理論から考えても、日本とインドは地政学的に組みやすい。中央集権的な強権国家ではなく、両国とも自由民主主義国家であることも、ビジネスを進めやすいだろう。

■ 増加を続ける対インド投資

2021年のインド進出日系企業数は1439社となり、2016年と比較すると134社増え、この5年間で着実に増加。日本の対インド投資は、2000年から2019年にかけて、主に自動車、電気機器、通信、化学、保険、医薬の分野で320億米ドル（4兆8000億円）となっている。

岸田首相は2022年、インドで官民の経済フォーラムに出席し、官民で5兆円の投資目標を明示。直接投資の金額や進出企業数を増やしたいとした。交通インフラの整備などを進め日本企業の工場誘致もサポート。2014年に当時の安倍晋三首相がインドを訪問した際に5年で3・5兆円の対インド投融資を公表したが、岸田首相はこれを上回る意気込みだ。日印首脳は3000億円規模の円借款にも合意した。

世界銀行による各国の事業環境指標である「Doing Business」において、2019年版のインドのランキング（Ease of doing business）は190か国・地域中77位で、2015年の142位（189か国・地域中）から65位上昇。

国際協力銀行の調査によれば、日本企業がインド進出について思う課題については、2017年度の調査結果では、1位が「法制の運用が不透明」(回答比率44・5%)、2位が「インフラが未整備」(同44%)、3位が「徴税システムが複雑」(同38・5%)であった。しかし、それが2018年度調査では、1位が「他社との厳しい競争」(回答比率43・7%)、2位が「法制の運用が不透明」(同36・8%)、3位が「インフラが未整備」(同35・6%)と課題内容が大きく入れ替わった。特に、「インフラが未整備」であることは、長年、インドの最大の課題とされてきたが、近年の日印が協力してのインフラ整備の進展が反映されているのだろう。

インドには製造業が必要

インドがこれから先進国を目指すには製造業が必要だ。巨大な若年人口は縮小し高齢化する我が国から見たら羨ましい限りだ。しかし、一方でこの若者たちに就職先を提供できなければ、インドで今後暴動が起こるかもしれない。

モディ首相は「メイク・イン・インディア」政策を掲げ製造業の育成を図る。大きな雇用を創出しないIT産業ばかりでは14億人を超える超大国は養えない。そこでカギを握るのが我が国だ。

国内では斜陽に見える製造業でもインドではこれから必要になる産業にあたるものが少なくない。素材、繊維、食品、農業、化学、精密機械、インフラ開発、災害対策など幅広く日本は製造業のインドへの移植ができる。

逆に大量のインドの若い人材に、日本に留学・定住してもらうことで、日本の人口増加や労働力確保に貢献してもらうことも日印双方にメリットがある。

日本がインドとのビジネス関係を進化・深化させれば同盟も強化される。こういう風に日印経済関係が深まれば、非同盟で、どちら側とも付き合うインドの外交関係にくさびが打てる。日本が他国より有意義であるとインドが確信すれば、クアッドもインドがさらに本腰を入れてくるだろう。

■ インド進出はシンガポールを使え

インド進出のゲートウェイとしてはシンガポールを活用するのがいいと思う。インド系が多く活躍するシンガポール。国家としてもインドでビジネスをする上でのインテリジェンスが集積している。インドの複雑怪奇な法制や税制も、シンガポールを活用することで、クリーンな形で煩雑さを回避できる。インドでのインフラや商業用不動産開発で、シンガポールで法人化して取り組んでいるものも多い。それらはインド出身で今でもインド国籍を有する高度人材がシンガポールの法制や税制を使ってやっている。

東南アジアの地政学

東南アジア・マンダラ論

東南アジアの地政学を語る際に非常に参考になるのは、アメリカの歴史学者オリバー・ウォルタースの著書『東南アジアから見た歴史・文化・地域』で紹介されている「マンダラ論」である。マンダラ論は東南アジア独特の地理的条件から生まれた国家形成論である。中国・ヨーロッパ諸国で生まれたような、武力による侵略で起こる、領土の拡大・支配を通じた固定的な領土が古代の東南アジアにはなかったのだ。

東南アジアは大陸と島々からなる広大で多様な場所だ。東南アジアの自然は厳しい。毒蛇もいれば肉食獣もいてマラリアなどの致死率の高い風土病もある。低地にはジャングルが多

図表19　東南アジア周辺の国々

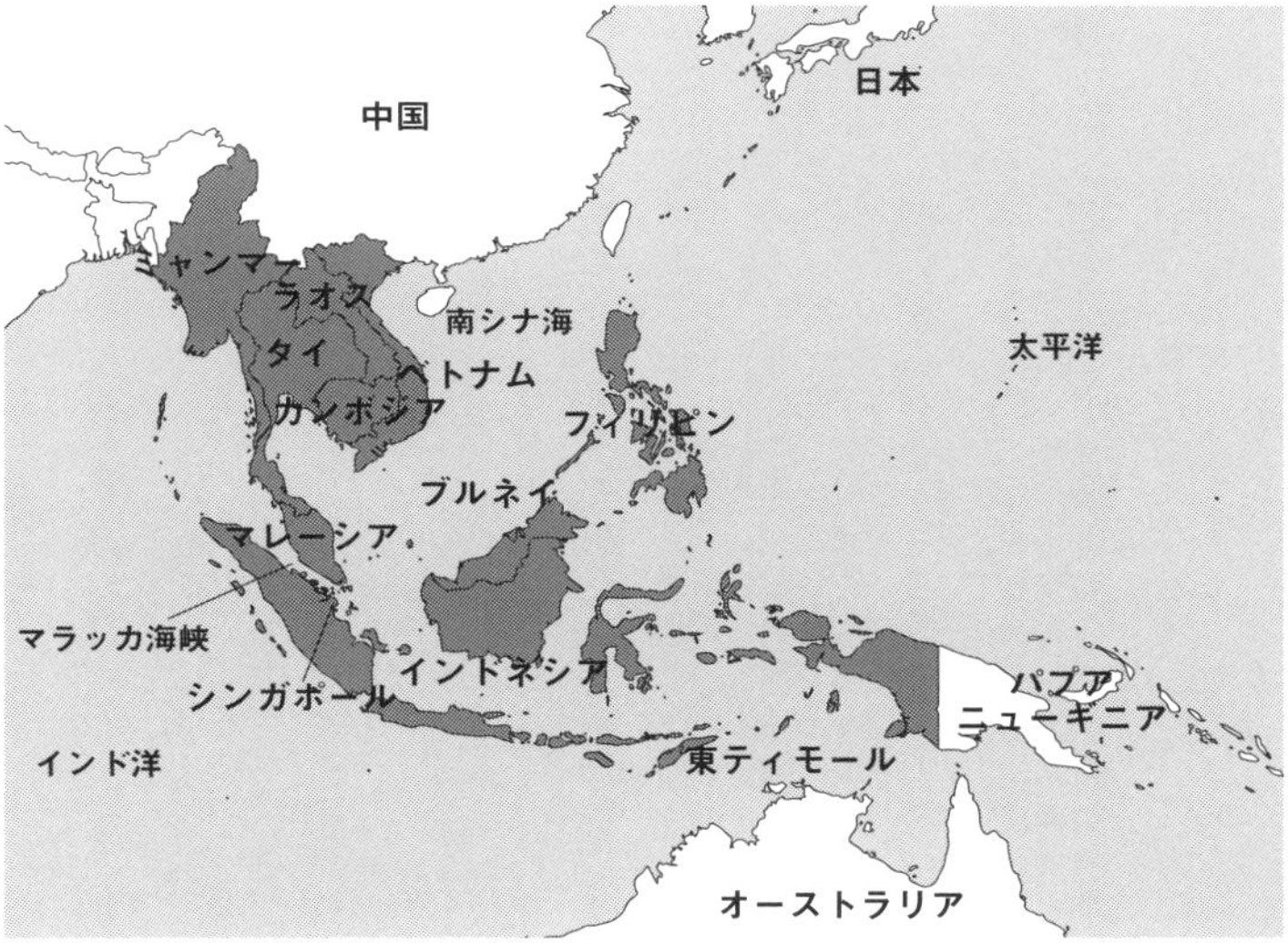

く、海や川の近くはマングローブ林となっている。高地は過ごしやすいが険しく、山林もあって開墾も容易ではない。島嶼部では、島々を伝って長距離を移動する航海技術を持った機動力のある人も多くいた。

こういった場所は欧州スタイルの「武力による領土支配」がそのままあてはまらない。東南アジアに広がる多様で厳しい地理的条件の中で生き抜くには共同体に高い独立性と流動性が備わってくる。そのような人たちを束ねるのは武力ではなく、信任関係だったとウォルタースは説くのだ。

信任関係がないと、独立性があり機動力の高い集団は、力による統治に反発して簡単に移動してしまう。また食料生産を見てもそれが言える。東南アジアの稲作の原点は、雨や氾濫水などの自然に依存した「天水田」と言われた。つまり大きく気候が変化すれば、集団で移動してしまうのだ。

また、ムアンという民族が大陸部の盆地に存在したが、彼らは元々中国の南西部から山脈を越えて移動してきた百戦錬磨の人々だったと言われる。その共同体性は、軍事力などで支配することが困難なほど、強固で、独自性の強い共同体だったと言われる。

共同体ごと移動するといってもその移動は命がけであった。共同体ごと移動する際には、集団の命運をかけた意思決定とメンバーからの信任が不可欠だった。自然環境を判断でき、集団を説得してリードできる者が選ばれ、リーダーとなった。リーダーはメンバーや共同体同士に摩擦が生じた時の調停役でもあった。

もう一つは中国や欧州のような父系的世襲が東南アジアにはなかった。東南アジアは父系性と母系性の双系社会だった。よって、父系性の特徴である血筋、世襲という継承システムはなく、リーダーは常に実力、つまり統率力、交渉力で選ばれていた。

後述するように、東南アジア諸国は欧州列強によって植民地にされる。しかし実態は、欧州列強が東南アジア侵略を始めたとき、早々に直轄支配を諦め、自治権を認めた間接支配に切り替えざるを得なかったのはここに理由がある。

東南アジアに国民国家ができたのは第二次世界大戦後

前述のマンダラ論は現代の国民国家の概念からすれば、なんともあやふやなものだが、実際、第二次世界大戦後に欧米列強が植民地として分割した場所が今の国家になった。中央集権も封建制も東南アジアでは生まれることがなかった。

しかし、マンダラ論で出来上がった共同体というものは非脆弱性、つまり頑強ではないがしなやかな強さ、を持っていたと考えられる。その強さがベトナム戦争で東南アジアの新興国ベトナムが覇権国家アメリカを倒したことにつながる。前述のように、信任で出来上がった共同体は、常に実力のあるリーダーを選んできたのだ。

ウォルタースによると、マンダラ国家は重層構造であるという。小マンダラ、中マンダラ、大マンダラ、と共同体が入り混じり、メンバーも複雑に出入りし、共同体は大きくなっていく。大中小の間にリーダー候補生がたくさんいて、彼らは常にメンバーに実力をチェックされ、順番に影響力を増していくという。その過程で、他の共同体や他国からの攻撃や大災害などを乗り越えられたリーダーが選ばれ、優れたリーダーを持った共同体が生き延び影響力を増していった。それが現在の東南アジア国家の原型になっている。

東南アジア民族宗教

■熱帯気候が大半

東南アジアの大半の場所は、熱帯気候に該当する。平均気温25度以上で、熱帯特有の急な雷雨、スコールが特徴的なところが多い。雨季と乾季が明瞭に分かれるサバナ気候もインドシナ半島に見られる。

常時25度以上で年間降水量が2000〜4000ミリという熱帯気候、その沿岸部は泥炭地とマングローブ林に覆われていて開墾に不向きだが、豊かな漁業資源や天然の良港を生む。1500メートル前後の熱帯高地は熱帯の中でも涼しく、古代から稲作が行われ食料生産力が豊富。雨季と乾季がはっきり分かれるサバナ気候でも天水稲作が盛んだ。

ただ、私が現在居住するシンガポールでも気候変動の影響という専門家もいるが、雨の降り方が変わってきている。かつてはスコールのように強い雨でも短時間で降り終わっていたものが、なかなか止まず、シンガポールでもたまに洪水に近い浸水が起こることがある。東南アジア各国でも洪水やデルタ地域にある河川の氾濫が恒常的な問題となり始めている。

日本のダムや河川整備や早期警戒システムなどの災害対策技術を求める声を東南アジア各国政府の方々から聞く機会が増えた。

■多様な民族と宗教

民族的には、主に以下の3つの語族からなる。

- モン・クメール語族
ベトナムやカンボジアの原住民
- マレー・ポリネシア語族
インドネシア、マレーシア、フィリピンの原住民
- シナ・チベット語族
中国やタイやビルマの原住民

宗教も多様である。インドから伝わったヒンズー教はインドネシアで広まったが、その後、アラブ商人との交流でイスラム教に書き換えられ、それがマレーシアにも浸透。バリ島には根強くヒンズー教が残る。

また、仏教もインドから伝わりミャンマーやタイに定着した。カンボジアのアンコールワットは元々はヒンズー寺院だったが、その後仏教寺院に改修された。イスラム教徒が大半のインドネシアのボロブドゥール寺院は仏教寺院だった。スペインの支配下となってからフィリピンではカトリックが浸透した。

ASEAN市場なるものはない

私は国立シンガポール大学リークワンユー公共政策大学院で、日本のビジネスリーダーやポリシーメーカー向けに、東南アジアの地政学を教える、アジアの地政学プログラムを8年にわたり開催してきた。毎回30人くらいの、起業家、投資家、中小企業経営者、大企業幹部、政府職員、弁護士、会計士等の方々が受講されている。そのうち、2割くらいはシンガポールやマレーシアやベトナムやフィリピンで事業をやっている方も含まれる。日本にいる方々もこのプログラムの受講を経て、2割強の方々が東南アジアで事業や投資を、このプログラムの受講を契機にやられている。

オクシモロンのところでも記したように、アジアはチャンスでもありリスクでもある。まず第一にEU市場のような共通市場はASEANには存在しない。そもそもASEANは安全保障の集まりで経済統合を目指してできたものではない。南下する共産化の流れに対抗するために1967年に設立された。

EU加盟国は基本的には以下の国家ばかりである。

- 白人、キリスト教国家

そして経済格差も最も豊かなルクセンブルクと最も貧しいブルガリアの間で一人当たりGDPの格差は10倍くらいだ。

それに対してASEANは、以下である。

- 多様な民族（中国系、マレー系、クメール系、インド系など）、多様な宗教（ヒンズー教、仏教、イスラム教、キリスト教、土着信仰など）

経済発展段階も様々で最も豊かなシンガポールと最も貧しいカンボジアやミャンマーの一人当たりGDPの差は50倍近い。

EUの何倍もの多様性を抱えているASEANは市場としては一筋縄ではいかない。ASEANとは10個の別々の市場なのだ。以下のような要素をじっくり観察してどの国から参入するか決めないといけない。

- 人口
- 民族
- 宗教
- 経済発展段階
- インフラ
- 主要産業
- ビジネスのしやすさ
- 外国人や外国資本の取り扱い

ＡＳＥＡＮ市場の情報集めにはシンガポールが適している。東南アジア各国の財閥リーダーは簡素で低税率でかつ教育や医療が優れているシンガポールに居住している人が多い。現地に行かなくともシンガポールで東南アジア各国の財閥とビジネスの話ができる。そして彼らの存在もあり各国でビジネスをする場合の有用情報がシンガポールでは共有されている。シンガポールはＡＳＥＡＮ市場のショーケースの役割を果たすので展示会をやればＡＳＥＡＮ各国のビジネスリーダーが関心を持って見に来る。そこでネットワークを作るのもいいだろう。

ＡＳＥＡＮで個別市場として私が特に有望だと思うのは、

- ベトナム
- インドネシア

の二つだ。ベトナムはＡＳＥＡＮ市場で「中進国の罠」を乗り越えて先進国入りする第一候補だ。アメリカで学んだ人材も多く、多くの国民が勤勉で、産業として製造業にも強く、話題のＷｅｂ３にも強い。市民の間の起業家精神が旺盛だ。対日感情もよく、中国への警戒心が強いという点でも日本やアメリカと相性がいい。人口も一億人近い。おだやかで辛抱強い国民性。日本には技能実習生として来ている人が多いが、アメリカで学んだ英語が堪能なエンジニアも多く、高度人材の獲得先としても日本はさらに注目すべきだろう。

一方、インドネシアの魅力は一言でいえばそのサイズ。ASEAN市場の4割の人口と4割のGDPを誇る超大国だ。EU市場には一国でこれだけの割合を占める超巨大国家は存在しない。ということでASEAN市場でインドネシアの意向は無視できない。今まではASEAN10か国の一員として主要国首脳に会っていたが、今やインドネシアのポテンシャルは先進各国でも高く評価されているので、ASEANのメンバーを引き連れなくとも一国で大国と渡り合えるようになっている。この2億7000万人の平均年齢32歳の人口のインパクトは大きい。日本はODAで発電所や交通インフラの整備をしてきた。いまだ外資に対して完全にオープンではないが、時間をかけてでもこの巨大市場を日本のあらゆるビジネスは目指すべきだろう。そのために徐々にでもサプライチェーンにインドネシアを入れていく作業は進めるべきだろう。ベトナムもインドネシアも基本的に親日国だ。

■東南アジアでの日本の好感度・信頼度は武器

2022年1月に、香港の調査会社がASEAN諸国にて行なった調査（18歳から59歳まで

の2700人、オンライン及び一部面接）によると、

- 93%が対日関係が「とても友好的な関係にある」又は「どちらかというと友好的な関係にある」と回答
- 92%が日本は「とても信頼できる」又は「どちらかというと信頼できる」と回答
- 88%が戦後75年の日本の平和国家としての歩みを「大いに評価する」又は「ある程度評価する」と回答
- 90%が、日本が世界経済の安定と発展に「非常に重要な役割を果たしている」又は「やや重要な役割を果たしている」と回答
- 91%が、世界の平和維持や国際秩序の安定に対する日本の積極的な貢献に、「とても役立つと思う」又は「どちらかというと役立つと思う」と回答

東南アジアのどの国でも広く日本は、最も好かれ、最も信頼されている国である。これは日本の大きな武器になる。これは日本にいる日本の人たちには想像しがたいレベルの好感度・信頼度かもしれないが、東南アジアに暮らしていると「日本人でラッキー」と思う瞬間ばかりの毎日だ。それくらい日本人であるだけで下駄を履かせてもらっている感覚だ。

東南アジアで影響力増す中国

2021年の中国の輸出全体に占める各国・地域のシェアは、

米国向けが17・1%
EU向けが15・4%
ASEAN向けが14・4%
日本が4・9%

ASEAN向けの輸出シェアは米国・EU向けの輸出シェアに迫っている。

2021年は中国とASEANの対話関係樹立30周年の記念の年であった。その式典で習近平は以下のポイントについて演説で触れた。

- 今後3年間で15億米ドルの「発展援助」を拠出

- 今後5年間で1500億米ドルの農産品を東南アジアから輸入
- 先進科学技術協力で1000プロジェクトを行ない、300名の科学者を交流させる
- 東南アジアでデジタル・インフラ建設
- 東南アジア非核地区条約締結
- 東南アジアを平和地域にする
- コロナも含め非伝統的安全保障領域での協力

ASEANと中国の関係の深化にはCOVID-19ワクチン外交も影響している。2022年にシンガポールのシンクタンクが実施したASEAN10か国を対象とした調査（ISEAS「The State of Southeast Asia 2022 Survey」）では「最もCOVID-19のワクチンを提供してくれた国はどこか？」という問いに対して、57・8％が中国と回答。次点となる米国の23・2％を大きく引き離した。

東南アジア各国には武器輸出も行なっている。ミャンマーの兵器（戦闘機、装甲車）の大半は中国製で、インドネシア（対艦ミサイル、誘導ミサイルシステム）、フィリピン（歩兵銃）、マレーシア（海上警備艇）、タイなども中国から兵器を購入している。

米中関係悪化を背景に中国は、経済的にも、安全保障面でも、一帯一路構想にとっても重要なパートナーとしてＡＳＥＡＮとの関係を強化している。

２０２１年の中国ＡＳＥＡＮ30周年式典で、中国とＡＳＥＡＮはその関係性を従来の「戦略的パートナーシップ」から「包括的戦略パートナーシップ」に格上げした。

民間レベルでも進む中国とＡＳＥＡＮ連携

現在、中国から最も遠い、中華系社会であるシンガポールは、〝世界で最も安全な中華系社会〟と呼ばれ、多くの中国系の富裕層が、香港、マカオ、台湾、上海、北京から移住してきている。莫大な資産とともに、である。彼らの多くは、中国語で話し、中華料理を食べられる社会で安全に暮らしたいのだ。それらの方とシンガポールで意見交換すると彼らの多くは台湾有事が起きた際のシンガポール政府の対応を心配している。

西側諸国が一致団結して、ウクライナ戦争後のロシアに対する厳しい経済制裁を課している。ロシア富裕層の国外資産の多くが凍結されている。もし中国が台湾に攻め入った場合、シンガポールがシンガポールに移ってきた中国の人たちの資産を凍結するかどうか彼らは気にしているのだ。

また、先述のごとく、シンガポールには東南アジアの巨大財閥のファミリーも多くが暮らしている。安全で医療水準が高く、低税率でビジネスがしやすいからだ。そして、東南アジア財閥のほとんどが中華系ファミリー。香港や台湾や中国本土からシンガポールに移住してきた富裕層も、躍進する東南アジア諸国で事業や投資を拡大したいと考えている。彼らが中国で「拡大中華会議」を開いてどんどん事業や投資を連携させている。たいていその場所に選ばれるのがシンガポールの高級和食屋さんだ。そこで民間レベルではどんどん中国と東南アジアの共同事業や共同投資が拡大しているのだ。

マラッカ海峡を押さえたものが世界を制覇する

■海上物流と海底ケーブル

経済史の大家、故アンガス・マディソンによれば過去の人類の経済史の中で9割以上の期間、中国とインドで世界のＧＤＰの過半を占めてきた。この二大経済大国の中間地点にあったのが東南アジアである。

そして、長年この二大国間の物流のチョークポイントとなってきたのがマラッカ海峡である。この海峡は、長さ約900キロメートル、幅は狭いところでは65キロメートルしかない。しかも、スンダ陸棚上にあるため水深は浅い。水深120メートル以下の部分がほとんどで、その中でも南東部は60メートル以下、途中に島も多く、航行には注意が必要だ。航路の途中に水深22・5メートルの浅瀬があるため、載貨重量32万トン以上の超大型タンカーは航行できない。深さを求めると、ロンボク海峡を使うことになるが、日数にして約3日間余計にかかり、費用も大幅に増す。

マラッカ海峡の重要性は増すばかりだ。年間9万隻、世界貿易の過半数以上がこの海域を通過する。マラッカ海峡を制する者が世界の海を制すると言ってもいい。

マラッカ海峡は、物流に加え、世界の情報のチョークポイントでもある。インターネットやスマホの情報の99%は海底ケーブルを通じて世界に伝わる。多くの人は衛星通信を想像するかもしれないが、衛星通信と海底ケーブルでは速度が桁違いに違う。地上から衛星まではは距離にして約3万6000キロメートルあるが、海底ケーブルなら日本―アメリカ間で約1万キロメートルしかない。通信スピードは圧倒的に海底ケーブルに分がある。最新の海底ケーブルだと1秒間に約10Tbps(T＝テラは1兆)、DVD2100枚分のデータ送信が可能だ。

マラッカ海峡に11本、シンガポール海峡には22本の海底ケーブルが走っている。4Gの100倍の通信速度を持つとされる5G規格の通信技術が一般化してくれば、今の海底ケーブルではさばききれなくなる可能性がある。海底ケーブルの増設や大容量海底ケーブルの交換時期がさらに早まる。

海底ケーブルは、過酷な水圧がかかる水深約8000メートルもの海溝を通ることもある一方、水深の浅い箇所では船の錨（いかり）が衝突したり、サメなどの海中生物が噛みついたりする。何トンもの水圧にも耐えられ、簡単に切断されない頑丈なケーブル構造となっている。

しかしながら、切れてしまったことも過去にはある。フィリピン沖のルソン海峡にも多くの海底ケーブルが敷設されているが、2006年の地震の際には海底の地滑りにより、そのうち9本が切断され、インターネットがほぼ完全に停止した。海底ケーブルが切れてしまった場合、衛星通信ですべてをカバーすることは不可能だ。

サイバー攻撃などサイバースペースを使った戦争が心配されるが、それと同時に、サイバー空間を作り出す、海底ケーブルは戦争が起こると絶好の標的となるだろう。海底ケーブルを保護することは難しい。すでに広大で深いエリアに敷設されていて、常に監視することは不可能だが、東南アジアに大量に敷設されている海底ケーブルを守ることもこのエリアの重要な役割になってくる。

世界一安全だが、アメリカ寄りの中華系社会の苦悩

シンガポールの次期首相は米中間のバランスを取るのに相当苦労するだろう。先述の通り、シンガポールは国民の7割が中華系という中華系社会である。中華系だから、中国の統治体系や国家としての行動に一定の理解がある。習近平氏の統治に対して6割以上のシンガポール国民が支持を示している。

一方で、シンガポールは長らく英国の植民地として英語や英米法による「法の支配」で国家を形成してきた。だからこそ欧米日本の資本や企業の力を活かして急速な経済発展を実現し、アジアで最も豊かで、世界でも1、2を争う一人当たりのGDPを実現させている。アメリカにとってもシンガポールは第7艦隊の寄港地である。

もし今後、米中の緊張が高まった場合に、アメリカはシンガポールに陰に日向に相当のプレッシャーをかけてくる可能性が高い。一方で、国民には中国への理解と支持が根付いている。その時にシンガポールの次期首相は板挟みになるだろう。今までは建国の父リークワンユー・ファミリーで国家を引っ張ってこられたが、次期首相は本格的にリークワンユー・フ

アミリーからは離れた人物になる。建国の父であるリークワンユー・ファミリーへの恩義から、シンガポール国民は、今までは政府のいかなる難しい判断にも理解を示してきたが、リークワンユー・ファミリーではない首相を迎える今後はどうだろう？

リークワンユー・ファミリーでない次期首相は自国民を説得できるだろうか？　一つのテストは、今、中国本土のコロナ対策や経済運営に嫌気がさして、シンガポールに莫大な資産とともに移住している中国本土からの資産家や事業家の資産の扱いだ。台湾有事があった場合、アメリカは対ロシア富豪と同様、シンガポールに資産凍結を要請してくるかもしれない。その時にシンガポール政府がどう判断するか？　相当難しい判断となるだろう。

ヨーロッパの地政学

欧州で生まれた地政学は戦争の道具となる?

この本で紹介している地政学は、欧州で国民国家の誕生と時を同じくして生まれた。絶対王政を復活させたウィーン体制が、欧州各地で自由主義とナショナリズムを抑圧。この抑圧に対して、欧州各地で連鎖的に反乱が起こり、18世紀半ばにウィーン体制は崩壊。これにより欧州各国に国民国家が生まれた。

国家の住民を「国民」としてまとめ上げた国家が世界史上初めて次々と欧州で生まれた。国民は、国旗、国歌、公用語、それらを使った公教育によって、国民としてのアイデンティティを形作っていく。そして国民としての意識を持たせるのに重要な役割を担ったのが民族で

図表20　ヨーロッパ

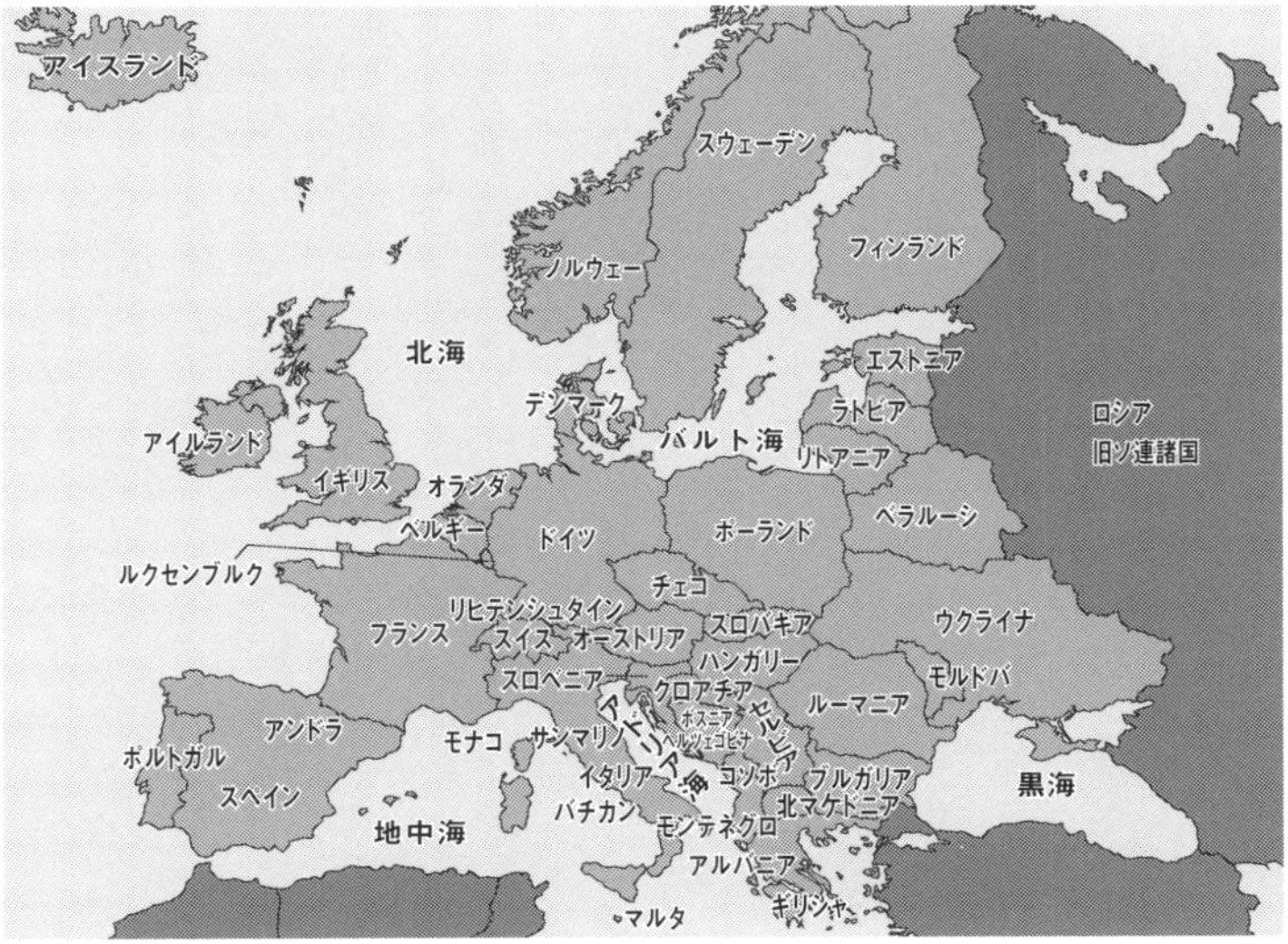

ある。

19世紀後半にはイタリアやドイツなどが統一されていった。オスマン帝国の支配下にあったバルカン半島では、セルビア、モンテネグロ、ルーマニア、ブルガリア等が次々と誕生。今の欧州の原型ができていく。人々は、様々な民族を支配下に置いていた帝国から、民族ごとに独立し、国民としての高揚感を持ちながら国家を作っていった。

１９０４年、イギリスの地理学者・政治家であるハルフォード・マッキンダーは「ハートランド」の概念を唱えた。ドイツ地政学の中心人物となったのが、カール・ハウスホーファーである。前述のごとく、イギリス人であるマッキンダーは、ドイツやロシアを恐れて「ハートランド理論」を説いたが、ドイツ人地政学者のハウスホーファーはドイツとロシアの同盟を提唱した。

ハウスホーファーはのちにナチス・ドイツの最高幹部の一人となるルドルフ・ヘスと親交を深め、ナチス・ドイツ建設に尽力した。アドルフ・ヒトラーはハウスホーファーの思想に影響を受けたため、ドイツ第三帝国の欧州侵攻の理論的バックボーンだったと言われる。生まれたばかりの地政学は、戦争被害者への配慮はなく、加害者意識もリーダーに持たせず、当時のリーダーのむき出しの野心を理論的に補強し戦争へと駆り立てることになる。

■ 国民国家が総力戦を生み世界大戦へ

この「国民国家の誕生」がのちの世界大戦の契機となった。国民国家が徴兵制と国家予算を使って「総力戦」という概念を生んだ。そして欧州で生まれた欧州最大の悲劇である第一次世界大戦を生んだ。その第一次世界大戦は、太平洋をまたぐ当時の二つの海洋帝国、日本とアメリカが衝突する運命をも、もたらした。

- 絶対王政に対する批判として、君主に代わって国民が主権者となるモデルを作ったのがフランス革命。これこそが国民国家の創設機運を欧州で生んだ

●トラファルガーの海戦でフランスに勝利した英国が海上覇権を確立し、産業革命と資本主義と貿易で富を蓄積する

←

●イギリスが自由貿易を通じて産業化を欧州全体に広げた

←

●帝国の支配下にあった民族が次々と独立して「国民国家」を形成。国家予算によって教育され、国家によって徴兵され訓練された、国民というアイデンティティを持った軍隊が、貴族や傭兵で構成された帝国軍を打ち破っていった

←

●中でも新興国だったドイツの急速な勃興が欧州のバランスを崩していく。当時の欧州では英・仏・独・露・オーストリア、そして没落するオスマン帝国でパワーは均衡を保っていた。そこに新興国ドイツが急速に力をつけて、パワーバランスを崩していく

←

●しかし、当時の欧州では、今のグローバル化時代に勝るとも劣らないほど経済の相互依存関係が構築されていた。それが戦争の強力な抑止力となると欧州各国政府は信じていた

●オスマン帝国のタガが外れ、産業化で力をつけたセルビアをはじめとするバルカン半島で民族独立機運が高まる。セルビアでオーストリアの皇太子が暗殺される。それを契機に領土拡大につけいるオーストリアや南下するロシアと衝突が起こる

←

●経済の相互依存体制にあぐらをかき、大国間で外交におけるコミュニケーションに複数のミスが生じる。それにより、各国が計算ミスを起こし、国民国家となった高揚感も重なり、戦争へ突入。しかし、誰も戦線拡大や戦争の長期化は想定せず。想定しなかったからこそ戦争になったとも言える

←

●当時メディアとして台頭していた新聞は、自国国家寄りの報道を繰り返す。新聞は各国でかなり好戦的気運を盛り上げた。これは第二次世界大戦での日本の大本営発表と同じ

←

●オーストリアやロシアと同盟を組んでいたドイツやフランスも「戦争にはなるが数か月で終わるだろう」と確信して参戦。のちに欧州中を巻き込む第一次世界大戦へ

←

●不参戦を決め込んでいた米国だが、ドイツによる潜水艦無差別攻撃で被害を受け、ついに参戦

●日英同盟はアジア限定であったがイギリスの要請もあり日本も参戦。日清・日露勝利で躍進した日本が第一次世界大戦でも戦勝国側の一員となり、ドイツから山東省の権益や太平洋のパラオやマーシャル諸島の統治権を獲得したことから、太平洋のもう一つの海洋帝国アメリカとの関係悪化が始まる。ここからアメリカが同盟国イギリスに圧力をかけ日英同盟破棄を迫る。日本の孤立とアメリカとの対立が始まる

←

●国民国家による初の総力戦。愛国心にあおられ国家財政を限界まで各国が出動させ、テクノロジーの発展により誕生した戦車や機関銃や大砲や毒ガスで被害拡大。情報統制による戦況判断ミスが各国にも起こり、戦争の終わりどころの判断が遅れる。過去の歴史に類を見ない規模の人的・財政的損失を発生させてもなお戦争は終わらず。結果として勝者のいないような状況で終戦。敗戦国ドイツへの各国の憎しみが集中し天文学的な賠償を要求

←

●敗戦で限界まで没落したドイツはさらに欧州各国が課す莫大な賠償に苦しみ、国民の怒り

←

の中からヒトラーが台頭する

EU誕生

■国民国家から国家連合へ

世界で初めて国民国家を誕生させた帝国からどんどん同じ民族で分離独立していったヨーロッパ。そこから世界最大の国家連合が生まれてきたところも興味深い。過去から人類の統治の歴史は統一と分裂の繰り返しだが、欧州における国民国家から欧州連合への流れは新しい次元のそれにあたるのかもしれない。

石炭と鉄鋼が戦争の原因になると考えたヨーロッパは1952年に欧州石炭鉄鋼共同体（ECSC）を発足させた。戦争は石炭と鉄鋼をめぐって起こり、石炭と鉄鋼で武力は形成されているとの考えが原点にある。石炭と鉄鋼を国家間で共有することにより、将来国家間の戦争が起こる可能性を下げようとの狙いだ。のちに誕生したASEANもそうだが、国家間の共同体はまずは安全保障が求心力となる。

その後幾多の変遷を経て欧州連合、ＥＵとなる。ＥＵとは欧州の27か国が加盟する政治経済連合のことだ。ＥＵ加盟国の総人口は約4億4700万人。ＥＵ域内市場における、人、物、サービスおよび資本の自由な移動を実現した。域内の司法および内政に関する法律を制定し、貿易、農業、漁業および地域開発に関する共通政策を掲げる。域内での人の行き来に関して、パスポート管理は廃止。2002年にＥＵ加盟国のうち19か国で構成する共通通貨ユーロがスタート。

欧州全体の平均年齢は41・5歳。ドイツはそれより3・5歳も高い45歳という結果に。2位はイタリアの43・8歳、3位はブルガリアで42・7歳。最も若いのはアイルランドで35歳。

ロシアとの決別　中国への警戒

■ロシアとヨーロッパの完全決別

ロシアとヨーロッパはほぼ永遠の完全決別に入った。ヨーロッパから見て、ロシアはヨーロッパでないことがこのウクライナ戦争ではっきりしたのだ。文字も違う、宗教も違う、人権意識も違う、統治体系も全然違う、メディアの在り方も違う、そういうことが痛いほどわかった。ベルリンの壁崩壊そしてソ連解体で少しはヨーロッパとロシアの距離は縮まっていたが、完全に分かれた。

ヨーロッパは全力でロシアとは切り離されたエネルギー安全保障を築いていくだろう。ヨーロッパが注力してきた再生エネルギーも含めて一気にエネルギーの脱ロシア化にかじを切る。これに対してロシアも伝統芸である、「自国と価値観を共有するブロック」を築いていくだろう。

■ 中国との微妙な距離感

ヨーロッパにとって中国は新たな希望であった。距離が遠く、悲惨な過去の歴史も共有しておらず、どちらかというとヨーロッパが20世紀に中国を蹂躙したという加害者意識しかなかった。脅威と捉えたことはなかったのだ。

そして14億人の巨大な市場。ドイツを筆頭にフランスなども中国に、自動車から高速鉄道、宇宙開発まで様々な技術を供与し、利益を上げてきた。莫大な数の中国からの旅行者もヨーロッパにとっては大切なお得意様であった。中国の一帯一路構想の終点であるヨーロッパは、その莫大なインフラ開発と中国市場との連結に期待も寄せていた。アメリカの警戒をよそに一帯一路構想やそのファイナンスを行なうＡＩＩＢ（アジアインフラ投資銀行）に参画するヨーロッパ諸国が相次いだ。

しかし、ロシアとの決別と時を同じくして、ロシアに対しての中国の対応を見て、ヨーロッパは警戒感を持ち始めている。そしてウクライナ戦争からの台湾有事を懸念し、イギリスやドイツなどは東アジアへの艦隊派遣に踏み切った。そして第20回共産党大会での習近平氏の任期延長と彼がにおわせる対外政治外交政策や中国経済の運営方針にさらに警戒感は高まっている。

高齢化や人口減少、そして移民問題に苦しむヨーロッパは、アジアやアフリカに活路を見出そうとしている。旧宗主国として、勝手知ったる、東南アジアやインド、そしてアフリカ諸国の莫大な若年人口と成長余地にかけようとしている。

ヨーロッパはユーラシアの辺境であり後進地域であった

■騎馬民族による文明破壊が起きなかった幸運

欧州中心の世界史を学んできた我々日本人。時代の先に常にヨーロッパがあったような錯覚を覚えているはずだ。しかし、世界の先端は常に中国であった。世界の三大発明、火薬、コンパス、印刷技術はすべて中国で生まれた。人類が生まれてからの9割以上の期間、世界経済の過半は中国とインドが占めていた。

欧州が世界の覇権を握り始めるのは資本主義誕生と産業革命の後である。ではなぜ先進地域にあった中国で資本主義や産業革命が起こらなかったのだろうか？　理由は騎馬民族の存在にある。ユーラシア大陸の中央部、ステップ気候地帯に抜群の機動力と強力な軍事力を持った騎馬民族が存在した。彼らは気候変動によって移動した。寒冷化が進むと馬が食む草原を求めて南下し、ステップ気候の南部に位置した歴代の中国王朝を苦しめた。彼らから身を守るために万里の長城が築かれ、何度も改修された。

彼らは情け容赦ない破壊活動を繰り返した。数千キロに及ぶ国境線も持つ大帝国が、彼らに対抗するためには、強力な中央集権体制によって国家の隅々まで監視して、いざというときには戦う軍隊を持つ必要があった。乾燥地が多い中国王朝の大地で食料生産するために、大規模な治水工事を行なうことが不可欠でこのために大量の人々が動員された。この動員そして大規模治水工事や食糧生産を行なうためにも、中央集権体制が必要となった。

欧州も中央集権体制を維持していた時代があったが、その後の統治体制の中で分権的な封建制度が生まれた。封建制度のもとでは封建領主に領地が与えられ経営が許される。その中で余剰生産を実現した領主たちは資本力を蓄え資本家へと成長した。

一方で、科挙により広い領土の隅々まで中央集権で統治する優れた制度を生み出した歴代中国王朝では、常に皇帝に権力が集中しその近辺で政治闘争が行なわれた。厳格なる中央集権体制のもと、封建領主のような人々を生まず、そのため領土経営で効率を追求して余剰資本の実現を目指す人々が生まれなかった。つまり資本家が生まれなかったのだ。

中国では三大発明のような様々な先進技術が生まれたが、それが資本主義と結び付き、大きな富を生むことはなかった。

中央集権から封建制度に移行するための統治の成熟が、騎馬民族に継続的に王朝が徹底破壊されるたび、阻害されてきた。そのため世界の辺境にある後進地域に過ぎなかったヨーロッパが資本主義と産業革命により富を蓄える前まで、中国はヨーロッパとの貿易で「ヨーロッパが欲しがるものは無限にあるが、中国がヨーロッパから輸入したいものはない」というように文明の成熟度に差があったのに、産業革命後一気にヨーロッパに置いていかれた。

ヨーロッパは、騎馬民族の生息地域から遠く、気候にも恵まれたため、統治制度を封建制度に成熟でき、その後、産業革命が資本主義を活かすことができた。

第6章

未来の地政学

気候変動の地政学

地政学に大きな影響を与えるのは地理だけではない。「地理が変われば気候が変わる」と説いてきたが、地理が変わらなくても気候が変わる時代が来るからだ。それをもたらすのは「気候変動」だ。気候変動の研究者に言わせると、今の地球の気候変動は下手をしたらそのフィードバックシステムが機能しないほどの破壊力を持つかもしれないとも言われる。

その中で両極の氷が溶ける影響ほど地政学にインパクトがあるものはない。実は地球上に現在ある両極の氷の歴史は我々の想像以上に新しいのだ。

今の両極の氷ができたのは、恐竜の絶滅直後のことらしい。南極や北極が今の氷に覆われたのは46億年の地球の歴史上、３４００万年前とかなり最近のことなのだ。恐竜が誕生した2億3千万年前の地球の平均気温は22度で、今より7度ほど高く南極にも北極にも氷はなかったそうだ。その後、恐竜の全盛期である白亜紀を迎えると世界の平均気温は28度と今のシンガポール並みに上昇。一応、生物が生まれる以前には地球全体が凍りついていた時期が何度かあるそうだが。

氷が溶けることによって起こること

■北極海ルートの確立

何度かこの本で触れてきたがこれは今の世界の海上交通路を書き換えるインパクトを持つ。現在でもこの北極海ルートは夏の2か月ほど通行できるようになっているが、今後の気候変動では通年で航行可能になる。北極海ルートは今の南回りのスエズ運河経由の欧州↓東アジアルートに比べて30〜40％短く、燃料を節約して環境負荷を軽減できる。天然のコールドチェーンなので薬品や食糧を運ぶには最適だ。

加えて、海賊の襲来がなく、政治的に不安定な中東を通らない。北極海ルートが年中航行可能になれば世界の物流ルートは変わるだろう。ロシアにとっては悪い話ではなく、北方領土の重要性は増す。東南アジアの物流ハブ・シンガポールには厳しい話だ。地球儀で見ればわかるが、北極海ルートのシンガポールのロケーションにあたるのは北海道の釧路近辺になる。釧路が栄えるかもしれない。ロシアや中国はそこから津軽海峡を通過するルートを求めるだろう。津軽海峡を中露の艦船が揃って航行する背景にはこういう事情もあるだろう。

■北極をめぐる資源争い

北極に眠る天然資源の埋蔵量は、世界における天然資源の22～25％と言われる。北極に関しては南極条約のような資源開発に関する包括的な取り決めが存在しない。なぜなら南極が「陸」であるのに対して、北極は「海」であるからだ。

地球温暖化の影響による氷(永久凍土)の溶解に伴い、こうしている間にも北極では資源開発が着々と進んでいる。しかし、北極開発が自由に行なえるわけではなく、北極圏には、カナダ、デンマーク、ノルウェーをはじめとした沿岸国によってすでに排他的経済水域(EEZ)が設定されている。ＥＥＺ内で資源開発を行なう場合には、海洋法に基づき、沿岸国の同意が必要だ。しかし、今の北極の資源開発を主導しているのは主にロシア。ウクライナへの侵攻を見てもロシアが友好的に沿岸国と話し合って資源開発をするだろうか？　大きなリスクがある。

南極をめぐる資源争い

南極は大陸なのだが、多くの人は氷でできたものだと勘違いされているかもしれない。それもそのはず、南極大陸は氷の重さで沈んでいるのだ。南極の氷床は一番厚いところで約４８００メートル、その重量は2万５０００兆トンとも言われている。これから南極の氷が溶けていけば、陸地が浮かび上がり、資源開発が容易になってくる。

地中レーダー探査、衛星画像などの技術により、氷の下の構造が明らかになり始めている。例えば、沖合のロス海からは油田やガス田が発掘されており、大陸からは石炭・石油・天然ガスが発見されている。大陸棚ではコバルト・鉛・マンガン・ニッケル・銀・チタン・ウラン・プラチナム・クロムといった希少金属も。昭和基地近辺だけでも、ルビー、サファイア、ベリル、ガーネットなどの宝石類が発見されている。相当な資源が眠っていることは確かだ。

南極に関しては、１９５９年に締結された南極条約によって、66度33分以南の土地に対する領土権はすべて凍結されている。つまり、南極大陸および周辺海域に眠る資源も〝誰のものでもない状態〟なのだ。少なくとも南極条約の効力が続く２０４８年までは、資源をめぐって争いが起こる可能性は低いが、その後はわからない。ちょうど今世紀半ばごろに南極の氷が溶ける影響が明らかになってくる。南極にある各国の基地には研究員の肩書で多くの国が軍人を送っている。争奪戦はすでに始まろうとしている。

世界の湾岸都市が水没する

南極の氷が溶ければ海面は60メートルほど上昇する。こうなると湾岸にある世界の主要都市は軒並み沈む。ニューヨーク、ロンドン、ロサンゼルス、上海、サンフランシスコ、北京、東京、大阪、名古屋、ブエノスアイレス、リオデジャネイロ、アマゾン川流域は水没。ほとんどの世界中の大都市は今のままでは水没する。今後は世界中の湾岸大都市の莫大な人口が高地を求めて大移動となる。世界の機能はより内陸部の高地に集まるだろう。

これは地政学上大きな影響を与える。世界の巨大な食糧生産地帯も水没し、気温の変動で食糧生産に大きな障害が出る可能性が高い。人の移動と食糧不足は新たな紛争のタネになるかもしれない。

世界の軍隊は敵国より気候変動とそれがもたらす紛争の二正面作戦に忙殺される。かといって、紛争より自然災害対策に忙殺される可能性が高い。紛争は起こっても数年単位だが、気候変動により異常気象が常態化すれば、洪水や干ばつや台風や地震などの被害が頻発し、軍隊は災害対策や救助に動員され続ける。こうなると紛争どころではなくなるかもしれないが、気候変動で紛争が起こるかもしれない。日本の自衛隊はすでに災害救助が主な任務になっているが、今後はさらにそうなるかもしれない。

各国とも気候変動への対応と気候変動がもたらしかねない紛争への対応という二正面作戦に振り回される可能性がある。

また永久凍土が溶けていくと、そこに凍結された未知のウィルスが目を覚ますと言われる。コロナパンデミックを超えるウィルスの蔓延が世界を混乱に陥れるかもしれない。

気候変動が持続的な平和をもたらす？

人類が争いをやめる時は、さらに大きな共通の敵が現れた時だろう。昔から、「宇宙人の襲来しか地球を一つにできない」と地政学や国際関係論の権威たちには、言われ続けてきた。目の前に手強い共通の敵が現れた時の結束を何度も見たことがある。

2012年の政権交代を目指す時の自民党もそうだった。2002年に国政に送り出してもらい、ど素人政治家として最も驚いたのは、自民党内の内輪もめだった。当時、野党のことを本気で政治生命の脅威だと思っていた政治家など自民党内ではほとんどいないと思った。安心してポストや予算をめぐって内戦を続けていた。メディアが政権交代を現実的に報道し始めた2009年の総選挙の近辺でも危機感からの結束は見られなかった。

しかし、その後政権を失い、野党となり、役所や関係団体からの対応が変わるようになり、徐々に結束していった。私はもう政界にいなかったが、安倍晋三氏を自民党総裁に迎え、政権奪取が視野に入ってからの結束は素晴らしかった。もちろん内なる戦いは皆無ではなかったと思うが、長期与党として君臨していた頃とは次元の違う結束を感じさせた。

その後、政権を奪取。安倍政権の最初の1、2年は政権転落の反省もあり、緊張感を持って結束を続けていたように見えたが、野党の分裂と国政選挙の連続圧勝ののちは、政権転落前より結束は緩み、安心して内輪もめしているように見えた。

さて、地球に宇宙人の来襲はあるだろうか？　もうひそかに彼らは地球に侵入しているかもしれないし、これから来るかもしれない。光の速度を超えて地球に来られる科学力を持った文明が、好戦的であるか否かはわからないが、その科学力を前にすれば、宇宙人と人類の力量の差は、ゾウとアリくらいの違いがあると思う。いまだに人類は月に行くのがやっとなのだ。

もし宇宙人が来たら、私が最も聞いてみたいのは、「それだけの科学力を産む文明を、どういう統治体系で育んできたのか？」「民主主義なのか？」「専制的なのか？」「それとも我々地球人類が知らない、全く違う統治体系を発明したのか？」

とにかく、地球に来られる宇宙人に対して、地球人類はその科学を結集して一枚岩になったとしても、彼らが本気で我々のせん滅を狙えば、戦いは一秒も持たないと私は思う。

では現実的に地球人類を結束させる共通の敵はあるのだろうか？　私はそれは「気候変動」だと思う。この本では主に「人類が紛争に至る背景」を取り扱っているが、気候変動を前にすれば人類の紛争など、時間軸でも破壊のインパクトでもかわいいものである。国家による総力戦は、長くても３～５年で終わる。犠牲者の数も人類全体の総数を減少させるまでになったことがない。人類の総人口を極端に大きく減らす大事件は、人類史の中では起こっていない。

しかし、気候変動のインパクトは戦争などとは比較にならない。気候変動は、続く期間でも戦争とはまさにけた違いの、数千年、数万年続く可能性がある。そして地球の大気や海や地中の持つエネルギーは人類がこれまで作り出してきた大量破壊兵器を総動員しても足元にも及ばない。

平均的な台風は生まれてから消えるまで１８０ＥＪ（エクサジュール：エクサは10の18乗）のエネルギーを発生する。広島原爆は55ＴＪ（テラジュール：テラは10の12乗）のエネルギーを持つと言われる。つまり台風と広島原爆を比較すると、およそ300万倍のエネルギーを台風は持っている。

気候変動が加速すれば、この平均的な台風より巨大な台風が頻度も多く、今まで直撃されなかった地域にも発生する可能性があると言われる。大気や海流の動きやその温度の変化は地中の破壊活動である地震や火山噴火にも影響があると言われる。異常気象が常態化し、核兵器の数百万倍のエネルギーを持つ自然の破壊活動に我々人類が頻繁に見舞われるようになったらどうだろう。

もちろん、気候変動の進行は直線的ではなくわかりにくいので、その途中では、異常気象による食糧不足や物流停滞から紛争のタネにもなるだろう。均衡の前提が狂い、均衡が崩れた時は紛争が起きやすい。しかし、やがて気候変動の深刻化の被害が誰の目にも明らかになり、地球人類はどこに住んでいても他人事ではなくなれば、米中対立とかウクライナ戦争とかやっている場合ではなくなるだろう。世界が結束して人類が生き延びるための技術開発や資金供給をせざるを得ないだろう。

ここもオクシモロンで面白いところだが、気候変動は短期的には紛争のタネにもなるが、長期的には人類を結束させる共通の敵として、平和の原動力にもなり得ると思う。「日本の地政学」で詳述したが、「日本が持つ環境適応技術（防災技術）」はこれに最大級の貢献ができると確信する。

宇宙は新たな地政学ホットスポット

北極や南極と同様、宇宙もこれからさらに地政学的にホットな空間になってくるだろう。人工衛星の利用は、高速大容量通信、気象分析、人流分析、ＧＰＳ、食糧生産、インフラ管理等の領域で不可欠になっている。今後は旅行や映画撮影などのエンタメ、素材開発、創薬、エネルギー生産なども宇宙空間が主役となるだろう。

そもそも宇宙開発は軍事目的もあって行なわれている。米ソによる宇宙開発競争はロケット開発のミサイル技術への転用を加速した。人工衛星という宇宙開発技術が、実際の戦争で活用されたのは、１９９１年の湾岸戦争が最初と言われる。ＧＰＳ、通信、情報等の衛星機能とそれらを利用した精密誘導兵器が使用されたのだ。その後のアメリカの軍事作戦は人工衛星が重要な役割を果たしてきた。今や宇宙開発技術がなければ軍事作戦は展開できない。

各国ともに衛星を使ったサイバー攻撃や宇宙空間にサーバーを確保してサイバーセキュリティを高めるなど、サイバー空間と宇宙空間を連携する作戦を展開している。

その後、各国は、他国の衛星を妨害、盗聴、破壊する機能を持つＡＳＡＴ衛星を打ち上げているが、2007年1月に中国はASATによるミサイル攻撃で自国の老朽化した気象衛星を破壊した。

中国は2020年にアメリカ、ソ連に次いで3か国目となる無人探査機の月面着陸を成功させ、月面の土壌サンプルを44年ぶりに地球に持ち帰った。中国は2025年にも月に有人月面着陸をする計画をしている。将来は月に有人基地の建設を目指し、資源探査をする目的だ。中国は新興国向けの衛星製造と打ち上げも請け負い、宇宙空間を使って新興国に影響力を与える戦略も実施中だ。

宇宙空間が地政学的にますます注目されてくる。日本も「はやぶさ」など優れた技術を持つ。民間利用に限らず、安全保障上の宇宙空間利用が我が国でもさらに議論されていくだろう。各国で南極条約のような取り決めを宇宙空間に関しても行なう必要があるだろう。

地政学を乗り越えるには

風水と地政学

これまで国家の運命がいかにいまだに地理によって規定されるか、様々な国々の事例を見てきた。人間は居場所によって影響を受ける。ミクロでその分析をする技術として中国で生まれた風水という技術がある。風水というと何かスピリチュアルな印象があるが、私が住む世界最高のスマートシティ・シンガポールでは政府や民間が都市設計やビルのデザインに活かしている技術だ。香港も、東京もかつては皇居や明治神宮の位置を風水でデザインしたことが知られている。

２００８年にシンガポールの湾岸に突如現れた巨大な観覧車シンガポール・フライヤー。

これも風水で立地された場所に建っているが、できた途端にリーマンショックが起こった。シンガポールも金融危機に苦しみ、気の流れをよくするために、観覧車を逆回転させることを決定。その後、シンガポールの金融も経済も回復した。

観光名所になっているマリーナベイサンズ。水は金運を表すといわれ、このホテルの屋上には57階建ての3つの棟を連結する形で巨大なインフィニティ・プールがある。このホテルが海とプールに挟まれ金運にあふれる設計になっている。またこのホテルは横から見ると風水上とても運気のいい「入」という字になっている。政府も地下鉄の敷設の仕方を国家にある、幸運の象徴である「竜の通り道、龍脈」を切断しないようにデザインしていると言われる。

合理精神に基づく効率性追求を、アジアの中でも最も真摯に行なっている、政府や民間企業からなるシンガポールでも「居場所から来る運命」に働きかけようとしているのが興味深い。経済発展にとって、熱帯にあるのは不利とされ、かつて熱帯に位置して一人当たりGDPで世界トップ10に入る国家はなかった。しかし、このおかげもあってか、シンガポールは今や世界で1、2位を争う豊かさを誇っている。

国家の運命と個人の運命は同じではない

一方で、居場所から来る運命をマクロで見たのが「地政学」という概念だろう。冒頭で紹介したように、居場所が、気候、周辺国家、産業、食糧生産、統治体系などを規定するのだ。国家は簡単に引っ越せないのだ。人類のテクノロジーの進化は加速しているが、巨大な山や川や海が与える影響・制約をまだ簡単に乗り越えることはできない。デジタル、メタバースと言っても、それらのテクノロジーはいまだに海底ケーブルに依存しており、その敷設や管理は、周辺国家や覇権国家に、つまり地政学的に甚大な影響を受ける。

ただ、私がこの本で語っているのは国家の運命である。現代では、幸か不幸か、国家の運命=個人の運命、ではない。かつてはこの方程式から逃れることは難しかった。しかし今の時代は、生まれたり、国籍やパスポートで規定される国家を離れて多様な場所に暮らせる。もちろん、今後は世界はブロック化していく恐れもあるが最低でもブロック内では色々な場所に動ける。個人は地理による運命の呪縛から逃れられる時代なのだ。

メタバース地政学ゲーム

地政学を乗り越えるには、多くの人が自分の国や自分の思考パターンをメタ認知することが不可欠だ。この本では、ロールプレイングの道具として地政学を捉えている。私の友人に、Ｗｅｂ３メタバースの分野で成功している起業家が何人かいる。彼らにメタバースでロシア大統領や中国国家主席やウクライナ大統領になれるロールプレイングゲームの開発をお願いしている。これができて、世界中の子供たちによってプレイされるようになれば、世界は徐々に安定していく可能性があると思っている。

さらにロールプレイングをリアルにするには、我々は多くの場所に出かけていき一定期間でも滞在してみることが大事である。島国で生まれ育った私たちが、最も大きな島や違う緯度にある島を訪れてみるのだ。そこの自然環境や食文化や産業や統治体系を肌で感じるのだ。大陸国家に行ったり、半島国家に行って暮らしてみたり、寒冷地や熱帯や乾燥地帯で一定期間過ごしてみるのもいいだろう。そこで見える世界やそこに暮らす人たちの信仰や歴史に思いを馳せてみるのもいい。日本という島国にいては見えない世界や感じられない感覚がずっと自分に入ってくるだろう。

色々な居場所で育った人とチームを組む

2022年10月に行なわれたラグビーのテストマッチ、日本対ニュージーランド、つまりオールブラックスの試合はとても興味深かった。ラグビー日本代表は、あと少しで、世界最強のオールブラックスを倒せるところまで追いつめた。数年前には考えられないことだった。27年前、日本はオールブラックスに145点も奪われ大敗。これは今でもラグビーワールドカップの公式の世界最多失点記録だ。「日本がラグビーで外国チームに勝つのは無理だ」、「日本ラグビーは終わった」と言われた。もう日本は終わったと思われた時に、日本はダイナミックに変化して世界を驚かせることがある。いつもではないが。

ラグビー日本代表チームこそが日本の組織で最も劇的な改革をしたのだ。日本で生まれていなくても、日本のために頑張る選手は代表チームに広く受け入れた。世界中のラグビー人材で日の丸のために身体を張る人材を日本代表にスカウトしたのだ。コーチ陣もそうだ。ただ、日本代表とするために、一本の背骨は通した。日本が目指すスタイルは守ったのだ。そのスタイルをグローバルをチームに移植したのだ。日本が目指すスタイルとは、勤勉、規律、自己犠牲、きめ細かいプレー、最後まで戦う敢闘精神などだ。これが適材適所のグローバルチームにはまると世界最高の強さを発揮するのだ。

国家としてアメリカとロシア、ロシアとウクライナ、アメリカと中国は分かり合えないかもしれないが、アメリカではロシアや中国やウクライナ出身の人材が同じチームでスタートアップで力を合わせて国境を越えるプロダクトをデザインして、いかなる地政学事情にも左右されず世界で売れる商品を作り出している。もちろん、今後の世界経済のブロック化の進展によっては、この流れもやがてしぼむかもしれないが。

色々な地政学事情に制約を受けてきた人々と一緒に同じ目標を目指してみるのはお互いにとって大きな学びになる。物事の優先順位の付け方や仕事の進め方、お金や人生や食べ物に関する考え方の違いをお互いがぶつかり合うことを乗り越えながら学ぶのだ。できたら吸収が速く、思考が柔軟な若い頃に多様性のあるチームを経験することをおすすめしたい。

私は仕事で日本にインド系インターナショナルスクールを開校するお手伝いをしているが、小さい頃から、全く違うしつけを受けながら育ってきた子供たちが学校で一緒に時間を過ごす様子を見ていて、とても微笑ましくそして有意義に感じる。例えば、日本の子供は「他人に迷惑をかけるな」と教えられているが、インドの子供は「あなたも絶対人に迷惑かけるから困った人がいたら積極的に助けなさい」としつけられている。どちらも素晴らしいが、この二つの間を取れたらとてもいい社会になる気がする。

地政学は世界の未来の方向を読むのにとても役立つが、絶対の運命ではない。それを乗り越える術はある。国家は人でできている。一人一人が違う地政学上の制約を受けながら育ってきた人々について、さらに深い理解ができた時に、地政学を乗り越え始められるのではないかと私は信じたい。人類の大きな転換は常に、スモールステップ、小さな一歩の積み重ねだったのだ。我々が小さな一歩を今からでも積みかさねていけば人類はいつか持続的に分かり合え、力を合わせていけると信じたい。

第7章

日本がやるべきことは

「ジャングルの掟」が支配する時代

「ジャングルの掟」再来だ。私が政治家になった頃、湾岸戦争で多国籍軍が結成され、勝利。アメリカ一強時代、「自由民主主義がこれから世界に広まり、国家による総力戦はなくなる」といった風潮が世界的に高まっていた。

1998年からロシアはG7に参加し主要国首脳会議はG8と呼ばれるようになった。2001年、中国はWTOに加盟。中国もロシアもアメリカが作った世界秩序に入ってきた瞬間であった。冷戦の完全な終わり、旧共産圏への本格的な自由民主主義の広まりの可能性を感じさせた。2002年の当時の小泉純一郎総理の電撃的北朝鮮訪問で、あの北朝鮮さえも改革開放へ向かうのではないかと私は感じていた。

国際法と国際機関が世界秩序を形成し、人類の敵はテロ組織と気候変動くらいだとの幻想を世界が持ち始めていた。アメリカの政治経済学者である、フランシス・フクヤマ氏が1992年発刊の著書『歴史の終わり』で示した世界観の始まりだと思っていた。

しかし、自由民主主義は思うように世界に広がらなかった。2013年、当時のオバマ大統領は「米国は世界の警察官ではない」と言い切った。

同じ年、リーマンショックをほぼ無傷で乗り越え、世界第二位の経済大国として躍進を続けた中国はアメリカの世界秩序に対抗するように一帯一路構想を打ち立てた。ＡＩＩＢなど独自の国際機関を立ち上げヨーロッパをはじめ多くの国々を取り込んだ。

２０１４年にはロシアのウクライナへの軍事介入を受けて、ロシアの主要国首脳会議への参加が停止された。

中国やロシアはチベット、ウイグルやチェチェンなど自国領土内で少数民族に非人道的な行為を行なってきた。ロシアはシリアのアサド政権を支援しながらシリア国内で反政府勢力にも非人道的な攻撃を加えている。中国は、２０２０年に香港国家安全維持法を施行し、香港の活動家や政治家、新聞記者まで、民主派の主要人物をほぼすべて拘束し、民主化デモを封じ込めた。２０２２年2月にはロシアがウクライナ戦争を開始。ウクライナ戦争を経て今や中国の台湾への野心がアメリカそしてアジア各国での大きな懸念となっている。

世界は「歴史の終わり」の幻想から目覚めた。我々の住む社会はやはり、弱肉強食の法則が支配するジャングルのままなのだ。国力を劣化させれば、野心を持つ隣国に蹂躙される可能性がある。国際法や国際機関（国連、Ｇ7、Ｇ20など）や国際世論の紛争調整力がいかに限られているか、まざまざと私たちに思い知らせている。国際法といっても、世界にはそれを執行する機関がないのだ。「世界の警察官ではない」と言い切ったオバマ氏の後任者であったトランプ前大統領は「アメリカ・ファースト」、いわゆる自国第一主義を説き、ジャングルの掟を裏打ちするばかりだ。

■ 平和とは均衡状態のこと

ジャングルの掟が支配する世界で、平和という状態はバランス、つまり力の均衡状態でしかない。このことを我々は再認識しなければならない。この世は諸行無常である。つまり唯一不変なものは変化なのだ。変化する国際情勢は、やがて必ず均衡状態を崩す。力の均衡状態が崩れた場所にはその均衡が再びどこかで取れるまで非人道的な暴力が起こり続ける可能性がある。

均衡状態が崩れた場所はまずはヨーロッパであった。少なくともプーチン大統領には力の均衡状態が崩れているように映ったのだ。NATOの東方拡大と結束の脆弱さが、同時に恐怖と機会に思えたのだろう。国益と恐怖と名誉が入り混じる複雑な思いで、しかし、短期決戦への自信を持ってウクライナに乗り込んだ。

次に均衡状態が崩れつつあるのは東アジアだ。我が国日本のすぐ隣に位置する台湾が舞台である。習近平氏が台湾侵攻について持つ想いも国益と恐怖と名誉の入り混じったものであろう。台湾統一は中国の悲願であり、戦争経験を持たないまま長期政権を目指す習近平氏には戦争勝利は喉から手が出るほど欲しい名誉・勲章である。

しかし、いまだに日米が台湾近辺で持つ軍事力に100%勝利する自信はなく、勝てないかもしれない恐怖心はある。私は近い将来は、米中台湾の計算ミス以外で台湾有事が起こる可能性は低いと見るが、やがて中国が100%勝利できる確信を得た時は均衡状態が完全に崩れると思う。

可能性は今のところ低いが、起こった場合のインパクトは、世界第一位、第二位、第三位の経済を巻き込んだものになるので、ウクライナ戦争の数百倍、数千倍となろう。「確率×インパクト」で判断するなら最大の警戒を怠ってはならない。

■地政学を学ぶべき理由

国立シンガポール大学リークワンユー公共政策大学院で「アジア地政学プログラム」を始めてちょうど8年の月日が経った。そして2022年9月には第20期を迎えた。リークワンユー公共政策大学院の中のエグゼクティブ・プログラムの中で、最も長く最も成功している(修了者数でも総収入でも)プログラムになっている。

今でこそ、多くのビジネスリーダーやポリシーメーカーにご支持いただいているこのプログラムだが、船出は惨憺たるものだった。

この企画を外交官出身だった当時の学長に持ち込んだ時、「地政学を学びに日本からビジネスリーダーが来るかね？　外交官以外の官僚が来るだろうか？　私の学校はビジネススクールではない。無理だろう」と突き放された。一度だけやらせてほしいと懇願してやっと、「よしわかった。一度だけやってもいい。一度目から当校が感心するような結果を出さないと二度目はないぞ」と警告されながらもスタートを切った。

今から考えると、一期生の皆さんには感謝と驚嘆しかない。よくこの得体のしれないプログラムに、時間もお金もかけて、来ていただいたと頭が下がる。

プログラムは一期目から大成功。「この目で学生の質や意欲を確かめたい」と自ら登壇してくれた学長も、一期生の鋭い質問や活発な参加意欲に気圧された様子だった。「今後このプログラムをどんどんやろう」と方向転換してくれ、今に至る。

毎年7月になると、私がシンガポールに移る機会をくれたこのプログラムの第一期、２０１４年7月開催、を思い出す。

そもそも私が地政学の重要性を学んだのは政治家になったことがきっかけだ。政治家として世界を飛び回り、「時代は変わっても、政治は地理に左右され続ける」との確信に近い感覚を持った。

テクノロジーも政治体制も社会を変えるが、変わらないのは地理的条件だけだ。国は引っ越せない。21世紀初頭に民間人から政治家にならせていただいて、国の重要性にも気が付いた。もちろん、国が重要だと思ったから政治家を志したが、それ以上に国は意思決定の単位として重要だと思った。

当時は冷戦など過去の話で、アメリカ一強時代。人類の敵は、国家単位とはいえないテロと気候変動くらいだと思われていた時代だ。湾岸戦争で多国籍軍が結成され、ロシアはG7に、中国はWTO入りを目指していた。のちに、現代の世界情勢を冷戦時代以上に混とんとさせる原因を作った中国とロシアというユーラシア大陸の巨大国家が、アメリカが作った世界秩序に自ら入ろうとしていた時代だった。

大西洋と太平洋に守られた、巨大な島国アメリカは、湾岸戦争に勝利した後の21世紀初頭、武力で自国のために世界制覇を目指すというより、自由主義と民主主義を世界に広める意図は持っていた。自国が影響力を持つ超国家的機関、国連などを通じて自国有利な世界秩序の構築を目指し、世界はやがて法の支配を前提にした自由と民主主義が支配する場所になると思われた。

しかし、それから20年経って、我々はやはり世界は「法の支配」に基づくわけではなく、まだまだ「ジャングルの掟」が支配する場所だと気づかされつつある。

弱肉強食の空間であり、軍事力はまだまだものをいうのだ。武力による領土紛争は、「20世紀までの遺物」などではないのだ。

■ 地理が国家を規定する

- 自国の周りにある地理的障害、山や川や谷や海が国家のサイズや形を決める
- 地理によって気候が変わる。どんな緯度にあるのか？ 寒冷なのか？ 温暖なのか？ 暑いのか？
- 気候によって、農作物の生育具合が変わる。すなわち食糧生産力が左右される。これは国力に直結する
- 気候により民族の性質も変わる。悲観的なのか？ 楽観的なのか？ 規律はあるか？ 勤勉か？ 生まれる宗教やその信仰も規定される
- 地理的場所によって、資源の獲得量も変わる。石油、石炭、ガス、鉱物資源、レアメタルなど
- 地理的形状により、国家の運命はかなりの部分は決まる。島なのか？ 半島なのか？ 大

平原なのか？　砂漠なのか？

- 周りにどんな国があるのか？　大国に囲まれているのか？　大国から山や川や海で隔てられているのか？
- 国の大きさもとても重要。面積、人口、経済力、食料生産力、資源など

地政学とは、明確な定義があるわけでもない。古代中国では風水と言われてきたものがそれに該当するとも言われる。地理と政治を掛け合わせた造語、ジオポリティックスは19世紀終わりごろから欧州で生まれたものだ。定義は時代と場所によって様々だが、要は「国家は重要な存在で、地理的条件に国家の命運は左右される」という考えだ。

もちろん、国家の相対的な重要性は低下している。人は仕事や教育を大きな理由に国家をまたぐ。Ｗｅｂ３は国家とは別のエコシステムを作り上げていくだろう。

しかし、国家という概念は簡単になくならないだろう。もちろん、残念ながら消える国家はあるだろうが。国家は今後も、特にジャングルの掟をめぐる安全保障問題にとって最重要のプレイヤーであり続けるだろう。

アジアに限定して地政学を学んでもらうプログラムを始めたのは、日本ほど、アジアにありながらアジアを知らない国はないのではないかと思ったからでもある。

ただ、一番の理由は地政学を学べば学ぶほど、巨大なユーラシア大陸の東の端のアジアには「ジャングルの掟」しかないと思えてしまう危機感である。

私は政治家にならせていただいたとき、「日本人に生まれて金メダル」だと本気で思っていた。今でも部分的にそう思う。先人たちに感謝だ。しかし、軍事を忘れ、経済だけに専心していられるつかの間の夢のような時代は終わった。

実は我々日本が位置するアジアは「弱肉強食のジャングルの掟」が支配する危険な場所でもあるのだ。ユーラシアの巨大なランドパワー、中国とロシアは、様々な理由で、ジャングルの掟の実践を始める可能性が高い。もう一部始まっている。

これは我々の生活に直結する。残念ながら、たくさんの条件に恵まれてきた我が国日本も、ジャングルの掟が重きを増す現代に国力を落とし続けている。

我々国民は貧しくなるかどうかのみ考えているようだ。それはとても大事である。「貧しさをみんなで我慢すればよい」とする識者もいる。

それは甘い！　国力を落とすことは経済だけの問題ではないからだ。自衛隊は資金不足で、隊員がお腹いっぱいご飯が食べられず、弾薬も数か月で尽きてしまうような現状だと言われる。

国力を落とせば、ユーラシアのランドパワーに囲まれる我が国の地理的条件からして、深刻な安全保障問題に直結するのだ。国家の存亡に関わると言っても過言ではない。ビジネスどころではなくなるかもしれない。

今だからこそ、日本のビジネスリーダーたちに「ジャングルの掟」を学んでほしいと思う。その思いで、20期からは現地シンガポールでリアルでの地政学プログラムを再開した。

加えて、地政学とは本来はグローバルな概念である。地域で区切ることに意味はあるが、昔からそうだが、今は特に、そしてアジアは特に、グローバルに地政学的視座を持って学ばなくてはならないと思う。ということでシンガポールでのプログラム直後にアメリカに移動し、アメリカ西海岸の米海軍基地、サンディエゴでも地政学プログラムを開催した。

アジアから見たアジアに加えて、アメリカから見たアジアを学んでもらう機会の重要性は、増し続けるばかりだ。

ウクライナ情勢を見れば明らかだろう。国際社会や国連は助けてくれない。日本は会社と違って引っ越せないのだ。日本国以外、我々日本人を守ってくれない。我々の隣国である超大国の場合、どこまでサポートしてくれるだろうか？

リー・クワンユー氏からの助言

ジャングルの掟が支配するこれからの社会は、私たち日本人の生活やビジネスにも直結する。そもそも私たち日本人は戦後、アメリカという超大国に守られてきたこと、侵略されにくい島国という地政学的な利点もあり、安全保障を特に気にすることがなかった。

明治維新後、世界にはびこった帝国主義の潮流に乗り、他国を侵略したものの、アメリカに敗れ、その後は、我が国は世界屈指の平和で安全な国となった。そのため「日本、日本人に生まれただけでラッキー」との考えも広まった。

このような思考は、ある意味一部では今でも正しいと言えるだろう。インフラは整っているし、失業率は低く、治安は抜群によく、給与こそそれほど高くないが、30年ぶりのインフレが始まったといっても、先進国でここまで物価が低い国も珍しいからだ。

しかし、前述のごとく、ジャングルの掟は健在なのだ。間違いなく日本は淘汰される。このまま国力を低下させれば、日本の豊かさも安全も危ういのだ。

私はこれまで3度、リー・クワンユーさんに個人的に会う機会があった。その3度同じ言葉をいただいた。その言葉をここに紹介したい。

「日本人は優秀だ。多くを日本から学ばせてもらった。ただ、僕が若い日本人で英語を話せたら日本から出て行くよ」

ムッとして、なぜですか？　と聞いた。

「日本は引っ越せないんだよ。中国の隣で小さく、貧しく、老いていたら、まずいよ」

「世界の多くの国は自国の課題を認識できず窮地に陥る。日本は違う。優秀だから政府も国民も、課題も解決策も全部わかっている。なのに、誰も行動を起こさない。それがとても残念だ」

いつ聞いても辛らつに聞こえて、正直不快にも思えた。しかし、今になってとても腑に落ちている。

と同時に、私の目を見つめながらこれを言われた時は返す言葉がなかった。私も確信犯だったからだ。政治的な意思がない。

「日本のリーダーは〝危機待ち〟だ。優秀な人間ほど〝危機が来れば自分の出番だ〟と思っている。自ら波風を立てるのは嫌い、おぜん立てを待っているのだ。国民や同僚政治家の目が覚めたところで自分が動き出そうと思っている。それは間違いだ。真の危機が来たときはもっと何もできない。国民も同僚政治家も危機が起こっていることについて違う理由を見つけてしまうのだ。それは往々にしてやるべき改革を抹殺するようなものだ。その時にはリソースもオプションもなくなっているのだ」

今はその通りだと思う。破壊的なイベントは善意を持って改革者にとって最高のタイミングでやってくるはずもない。

最後、彼は、

「好調な時にこそ、国民や自分たちに痛みのあることをあえてやらないといけない。そのタイミングは今しかないよ」

さて、皆さんは日本国民として、私が最後にリー・クワンユーさんからいただいたこのメッセージをどう受け止められるだろうか？

おわりに

■平和のための地政学

地政学というのは長らく戦争加害者が戦争を仕掛ける理論武装に使われてきた。現代にそれが有用か？　議論はあるだろう。

ただ、やはり人は居場所によって思考に多大な影響を受ける。ミクロではそれを風水と呼び、マクロでは地政学がそれに近いと思う。居場所が気候を決め、歴史を形成し、周辺の国を規定し、それらが産業や食糧生産まで規定する。そしてそれらは統治体系や外交的手段の傾向にまで影響がある。

相手を知るためのロールプレイとしても地政学はとても有効だと思う。島国には島国の、半島には半島の、大陸には大陸の、気質がある。それは気候や歴史や周辺国家によって影響を受ける。

島国にいながら、寒冷の地の巨大な国家の統治者の見ている世界は見えない。国内にあまり多様性を持たないところに住んでいる人間に、国内に190を超える少数民族を抱えている国の統治者の思考パターンは理解しがたいだろう。

だからといってすべての行動が正当化されるものではない。ただ、我々は国際機関や国際社会が国際法をもって裁き、その結果を執行してくれるようなナイーブな世界には生きていないことははっきりしてきただろう。

そろそろ温暖な島国で比較的、多様性の少ない環境で生きてきた我々は様々な違う居場所で世界を見ているリーダーたちの思考パターンをロールプレイしてみる時期ではないだろうか？

我々はジャングルの掟が支配する世界に生き続けている。残念ながら平和とはバランスでしかないと思っている。バランスは常に変化し、バランスが崩れた時にそれを利用しようとして仕掛けてくる国だらけだ。生態系と一緒だ。

一定なものは変化しかない。常にバランスは崩れ続けているということだ。我々が住む居場所のバランスも相当崩れてきている。このバランスは次はどういう力で変わっていき、どこで再び安定するのか？　居場所の違う人たちの思考をロールプレイすることで考えていきたい。そういう思いでこの本を書いた。

■２０２２年は地政学に始まり地政学に終わった年

この本を書き始めることになったタイミングは色々な意味で運命的であった。この本の執筆依頼をいただいたタイミングでウクライナ戦争が始まった。また、この本の執筆中に、私が国立シンガポール大学リークワンユー公共政策大学院で開催しているアジア地政学プログラムが20期を迎えた。そしてその直後にはアメリカ、カリフォルニア大学サンディエゴ校で第一回アメリカ地政学プログラムを開催した。

コロナパンデミック発生後、２年数か月ぶりに日本に戻って、相次いで「地政学×ビジネス」講演を複数の経済団体から依頼された。２０２３年初頭から日本を代表する名門ビジネススクール、一橋大学ビジネススクールで「政府とビジネス」というテーマで地政学も含めた講義も行なうことになった。

まさに２０２２年は私にとって地政学で始まり地政学に終わった年になった。私がシンガポールやアメリカや日本での講義や講演で地政学について話すときに重視しているのは「ロールプレイングとしての地政学の重要性」である。

世界で起こる戦争や人権弾圧などの悲惨な出来事を読み解く時に、感情や価値判断を一時脇に置いて、相手の立場になってその悲しい出来事が起こる理由を考えてみる思考訓練である。プーチン氏は狂っている、習近平氏は理解不能だ、バイデン氏はあてにならない、誰でも個人的な意見を持つことは素晴らしい。しかし、現実的に残念なことがこれ以上起きないようにするためには、条件反射的な対応ではなく、相手の立場に立ってなぜそういうことが起こるのかを考えることがとても大事だと思う。

自分があのモスクワのクレムリンの大きな執務室にいたらどんな風景が見えるだろうか？ホワイトハウスから世界最大の経済と軍隊を率いるとは？　自分が北京の天安門の西側に広がる「中南海」の執務室にいたら世界をどう見るか？

その地理的条件が生み出す気候や産業や周辺国家や歴史はリーダーの意思決定に大きな影響を与える。その思考実験を経て見える世界があると思う。その思いでこの本を書かせてもらった。各地のリーダーをロールプレイングしてみることで、世界の見方が変わってくる。より正確にニュースやイベントの背景が見え、具体的で現実的な解決策が浮かんでくる。

悲惨な事件は起こり続けそのたびに「この世の終わり」のような意見が出て、暗い気持ちになるかもしれない。しかし、過去の人類の歴史を振り返れば、それらの事件を経て、人類は社会を進化させ、新たなテクノロジーを生み、人口を増やして教育も推進して、紛争による死者も貧困も減らし続けている。今起こっている悲惨なイベントからも人類は学び、有為な若者を多く輩出し、様々な課題を解決していくと確信している。

■ 地政学をツールにして自分の価値基準を見つけてほしい

2022年の秋に、シンガポールで娘が通う学校のトップ（カレッジヘッドという）に招待され、この学校が目指すべき「未来の教育」について禅問答した。

私からは「地政学×メタバース」を提案した。

世界80か国から子供が集まるこの学校では、せっかく独裁政権から逃れてきたのに母国が隣国に不法行為をしていると、そのせいで子供がいじめにあったりしたそうだ。もちろんそれは学校と父兄で共同して今は防いでいるという。

この学校の子供たちも、大人ぶって、小学生でも「プーチンってクレイジー」とか「習近平って間違っている」とか平気で言う。もちろん正義感を育てることは大事だ。しかし、大人でもそうだが、批判をするだけでは持続的で現実的な平和や安定は作り出せない。

もちろん独裁者の違法行為の正当化は許されない。しかし、持続的な平和のためには、私がこの本で提唱しているロールプレイング教育が効果大だと思う。今の独裁者が置かれた環境の中で、現実的にどんなオプションがあるのか？　生徒一人一人が自ら独裁者の置かれたといけない。

現環境を〝自分事として〟体験しながら、独裁者とは違うオプションを作り上げていかない

- 自国が寒冷地にあり、6割が永久凍土に覆われ、8割が人が住めない国土
- 自国に190の少数民族を抱える
- 14の国と国境を接する
- 資源頼みのモノカルチャー経済
- 急速な人口減少と高齢化
- 過去に帝国として栄華を極めたが今は凋落
- 他のブロックの軍事同盟がどんどん拡大
- 一度国内の権力争いに足を踏み入れたら、それに勝つか本当に殺されるかしかない

このような状況を子供でも実感できるようにメタバース空間に用意する。子供たちがゴーグルなどのインターフェースをつけて、そのメタバース空間に入り、3Dで独裁者の置かれた環境を実感し、その独裁者の執務室に入り、側近に囲まれ、その独裁者といかに違うオプションを作ってどうそれを実行していくか？　この教育は必要不可欠だと思う。

これはもちろん地政学の勉強になる。しかしそれにとどまらない。私はこの本で「地政学

の重要さ」を説いた。現実的で持続的な和平構築には今でもとても有意義なツールだと確信する。しかし、この本で説いているロールプレイングの本質は実はもっと深い。

自分の中のモラル、自分自身を知る旅にもなるのだ。ロールプレイングをしながら決断をしていくときに常に自分の価値基準が問われる。非常に哲学的な作業なのだ。メタバース技術を使いながら、地政学をツールにして、「自分を知る旅」に出るのだ。独裁者の環境に置かれながらも、独裁者とは違うオプションを創出するために、哲学をして、自分が優先する価値基準を探るのだ。

そこで「自分がプーチン氏や習近平氏と変わらないかそれ以下」だったりすることに気づく。世の中にスーパーヒーローはいない。そんなかっこいい決断ができる環境なんて世界中どのリーダーも、過去のどの歴史であっても誰も持っていない。どんなリーダーでも現実のはざまで人々そして自分の欲にまみれながら、ドロドロになってあがいて決断しているのだ。

独裁者や決断できない民主国家のリーダーを、明快に颯爽と一刀両断するような、かっこいいことを言っているジャーナリストや識者も、えてして自らが所属する組織では、自分が批判している独裁者以下の行動をしていることがよくあるのだ。

私も「独裁者や無責任なリーダー並みのあなたがどの口して言うんだ」と思うことが多々ある。

「イエスマンばかりで固めて裸の王様になっている」と独裁者を笑う知人が、自らの組織でもイエスマンばかりで周りを固めている、なんて日常茶飯事だ。

こんな風な大人をこれ以上作り出さないように、子供向けにも大人向けにもやがてメタバース技術を活用して地政学を有意義な形で学べ、自らを発見する環境を整備したい。そういう思いもあって、私はメタバースを含むＷｅｂ３の会社にせっせと投資している。世界中の起業家とすでにこのメタバース地政学ゲームづくりにとりかかっている。

それが実現できるのはもう少し先だが、それまでもこの本を通じ、地政学という素晴らしいツールを使って、皆さんが自らを発見する旅に出てくだされればこれ以上嬉しいことはない。

この本は私にも大いなる挑戦であった。世界の国境が開き、仕事で異なるタイムゾーンを毎月数回行き来する中で集中して時間を確保するのは至難の業だった。久しぶりの家族での母国で過ごす夏休みも構想や執筆に時間を割かれた。それに協力してくれた家族にまず心から感謝を表したい。そして世界情勢もどんどん変化し、それら新事態を本書に盛り込むのも大変であった。

本の最終タイトルがどうなるかは出版社さんに任せてある。こんなキトクな本を出したいと言ってくださるので出版社さんのマーケティングに任せようと思う。限られた時間で的確な取材をしてくれた編集者、ライターさんにも心からお礼を申し上げたい。

参考文献

- Ray Dalio , *Principles for Dealing with the Changing World Order: Why Nations Succeed and Fail*, Avid Reader Press ／ Simon & Schuster, 2021
- Ian Morris, *Geography Is Destiny: Britain and the World: A 10,000-Year History*, Farrar, Straus and Giroux, 2022
- Daron Acemoglu and James A. Robinson, *The Narrow Corridor: States, Societies, and the Fate of Liberty (English Edition)*, Penguin Press, 2019
- Joe Studwell, *How Asia Works: Success and Failure in the World's Most Dynamic Region*, Grove Press, 2013
- Sudhir Thomas Vadaketh and Donald Low, *Hard Choices: Challenging the Singapore Consensus* , National University of Singapore Press, 2014
- Peter Ho, *The Challenges of Governance in a Complex World* , World Scientific Publishing Company, 2018
- Andrew McAfee, *More from Less: The Surprising Story of How We Learned to Prosper Using Fewer Resources—and What Happens Next* , Scribner, 2019
- Richard Dawkins, *The Blind Watchmaker* , W. W. Norton & Company, 2015
- Walter Scheidel ,*The Great Leveler: Violence and the History of Inequality from the Stone Age to the Twenty-First Century (The Princeton Economic History of the Western World, 74)* , Princeton University Press, 2018
- Yuval Noah Harari, *Sapiens: A Brief History of Humankind*, Harper Perennial, 2018
- *The world China wants* , The Economist, October 15th 2022
- Ray Dalio, *Principles: Life and Work*, Simon & Schuster, 2017
- Paul Kennedy , *The Rise and Fall of the Great Powers: Economic Change and Military Conflict from 1500 to 2000*, Random House, 1989
- ハルフォード・ジョン・マッキンダー『マッキンダーの地政学ーデモクラシーの理想と現実』（原書房、2008年）
- アルフレッド・T・マハン『マハン海上権力史論（新装版）』（原書房、2008年）
- ニコラス・スパイクマン『スパイクマン地政学「世界政治と米国の戦略」』（芙蓉書房出版、2017年）
- クリストファー・ロイド『137億年の物語 宇宙が始まってから今日までの全歴

史』（文藝春秋、2012年）
- 横山 祐典『地球46億年 気候大変動 炭素循環で読み解く、地球気候の過去・現在・未来（ブルーバックス）』（講談社、2018年）
- 北岡 伸一 、細谷 雄一『新しい地政学』（東洋経済新報社、2020年）
- イアン・ブレマー『危機の地政学 感染爆発、気候変動、テクノロジーの脅威』（日経BP 日本経済新聞出版、2022年）
- コリン・S・グレイ , ジェフリー・スローン『地政学　――地理と戦略――』（五月書房新社、2021年）
- ダニエル・ヤーギン『新しい世界の資源地図：エネルギー・気候変動・国家の衝突』（東洋経済新報社、2022年）
- ジャレド・ダイアモンド『文庫　銃・病原菌・鉄（上）　1万3000年にわたる人類史の謎』（草思社、2012年）
- 板谷 敏彦『日露戦争、資金調達の戦い』（新潮社、2012年）
- 市川 裕『ユダヤ教の歴史（宗教の世界史）』（山川出版社、2009年）
- 市川 裕『ユダヤ人とユダヤ教』（岩波書店、2019年）
- 梅棹 忠夫『文明の生態史観』（中央公論新社、1998年）
- 岡本 隆司『世界史とつなげて学ぶ 中国全史』（東洋経済新報社、2019年）
- 中野 剛志『富国と強兵』（東洋経済新報社、2016年）
- 出口 治明『教養としての「地政学」入門』（日経BP、2021年）
- 田中 孝幸『13歳からの地政学：カイゾクとの地球儀航海』（東洋経済新報社、2022年）
- 奥山 真司『地政学（サクッとわかるビジネス教養）』（新星出版社、2020年）
- 深井 龍之介『世界史を俯瞰して、思い込みから自分を解放する 歴史思考』（ダイヤモンド社、2022年）
- 早瀬 晋三『マンダラ国家から国民国家へ――東南アジア史のなかの第一次世界大戦（レクチャー 第一次世界大戦を考える）』（人文書院、2012年）
- ティム・インゴルド『人類学とは何か』（亜紀書房、2020年）
- 東大EMP『世界の語り方１・２』（東京大学出版会、2018年）

著者略歴

田村耕太郎（たむら・こうたろう）

国立シンガポール大学リークワンユー公共政策大学院 兼任教授
カリフォルニア大学サンディエゴ校グローバル・リーダーシップ・インスティテュート フェロー／2023年一橋大学ビジネススクール客員教授

早稲田大学卒業後、慶応大学大学院（MBA）、デューク大学法律大学院、イェール大学大学院各修了。オックスフォード大学AMPおよび東京大学EMP修了。

証券会社社員、新聞社社長を経て、2002年に政界入り。10年まで参議院議員。第一次安倍政権で内閣府大臣政務官を務めた。日本人政治家で初めてハーバードビジネススクールのケース（事例）の主人公となる。

その後、イェール大学研究員、ハーバード大学研究員、世界で最も多くのノーベル賞受賞者（29名）を輩出したシンクタンク「ランド研究所」で唯一の日本人研究員を歴任。他、米国、シンガポール、イスラエル、アフリカのベンチャーキャピタルのリミテッド・パートナーを務める。


2014年より、国立シンガポール大学リークワンユー公共政策大学院兼任教授としてビジネスパーソン向け「アジア地政学プログラム」を運営し、20期にわたり500名を超えるビジネスリーダーたちが修了。さらに拡大し、米国サンディエゴでも同・地政学プログラムを開催。CNBCコメンテーター、企業のSDGｓスコアをＡＩで可視化するサービスＲＩMMの主席アドバイザーも務める。


世界のスタートアップに投資するエンジェル投資家でもあり、Web3.0、クライメートテック、フードテック、ロボット、教育関連中心にシリコンバレー、イスラエル、アフリカ、東南アジア、インドで投資を行う。スペースX社、ツイッター社、サンドボックスVR社にも投資。

シリーズ80万部突破のベストセラー『頭に来てもアホとは戦うな!』など著書多数。

地政学《ちせいがく》が最強《さいきょう》の教養《きょうよう》である

“圧倒的教養《あっとうてききょうよう》”が身《み》につく、たった1つの学問《がくもん》

2023年1月9日　初版第1刷発行
2024年9月6日　初版第11刷発行

著　　者　田村耕太郎
発 行 者　出井貴完
発 行 所　SBクリエイティブ株式会社
〒105-0001　東京都港区虎ノ門2-2-1
ブックデザイン　小口翔平＋後藤司（tobufune）
本文イラスト　瀬川尚志
D　T　P　株式会社RUHIA
校　　正　ペーパーハウス
編集協力　杉山 忠義
編集担当　水早 將
印刷·製本　中央精版印刷株式会社

本書をお読みになったご意見・ご感想を
下記URL、またはQRコードよりお寄せください。
https://isbn2.sbcr.jp/17684/

ISBN978-4-8156-1768-4